懸念的被透視感が生じている状況における対人コミュニケーションの心理学的研究

Tabata Naoya
太幡直也

福村出版

[JCOPY]〈出版者著作権管理機構　委託出版物〉

本書の無断複写は著作権法上での例外を除き禁じられています．複写される場合は，そのつど事前に，出版者著作権管理機構（電話 03-3513-6969、FAX 03-3513-6979、e-mail: info@jcopy.or.jp）の許諾を得てください．

まえがき

　われわれは、他者と関わるとき、その他者に気づかれたくない事柄を隠そうとする。隠そうとするために、相手に嘘をつくこと、黙っていることは、日常茶飯事のように行っている。このようなときに、"気づかれたくない事柄を気づかれているかもしれない"と感じた経験は、多かれ少なかれ、ほとんどの人にあるだろう。本書では、このような感覚を"懸念的被透視感"と呼ぶ。

　私が懸念的被透視感に関心を抱いた一番の理由は、それが本人の推測による主観的感覚にすぎない点に興味を抱いたためである（自分自身が懸念的被透視感を感じやすかったというのも理由の一つではあるが）。実体験から、懸念的被透視感が生じたときの自分の反応次第では、相手から"何か隠しているのではないか"とかえって疑われてしまう場合や、結果的に気づかれたくない事柄を気づかれてしまう場合があると考えた。このような"自爆"が生じるのであれば、推測が本人にとって皮肉な結果を生み出したことになる。懸念的被透視感に着目すると対人コミュニケーションの奥深さの一端を示すことができると考え、大学院に入学して以降、研究を重ねてきた。私の研究の結果、懸念的被透視感を上手に使えないと、上に挙げた"自爆"が生じる可能性があることが明らかとなった。

　幸いなことに、このたび、独立行政法人日本学術振興会平成28年度科学研究費補助金（研究成果公開促進費：16HP5188）の助成によって、懸念的被透視感に関する研究成果を1冊の書籍としてまとめる機会を得た。この機会に、多くの方々に懸念的被透視感に興味を持っていただけたら幸いである。

2017年1月

太幡　直也

目次●懸念的被透視感が生じている状況における対人コミュニケーションの心理学的研究

まえがき ……………………………………………………………… 3
本書の構成 …………………………………………………………… 7

第Ⅰ部　理論的概観

第1章　内面の被知覚の意識に関する研究の概観 …………… 11

第1節　心理学における内面の被知覚の意識の位置づけ　11
第2節　内面の被知覚の意識が生じる背景　11
第3節　内面の被知覚の意識に関する諸概念　14
第4節　先行研究の未検討点　18

第2章　懸念的被透視感に関する研究の意義 ………………… 20

第1節　懸念的被透視感の提唱　20
第2節　懸念的被透視感に関する研究の意義　23

第3章　本研究のアプローチ …………………………………… 26

第1節　対人コミュニケーションを検討するための視点　26
第2節　懸念的被透視感による反応を検討するための視点　30

第4章　本研究の目的と検討点 ………………………………… 36

第1節　本研究の目的　36
第2節　本研究の検討点　36

第Ⅱ部　実証的研究

第5章　懸念的被透視感が生じる状況 ………………………… 41

第1節　懸念的被透視感が生じる状況の特徴［研究1］　41
　第2節　本章のまとめ　52

第6章　懸念的被透視感の強さを規定する要因 ───────────── 53
　第1節　被透視感と自己への注意との関係［研究2］　53
　第2節　懸念的被透視感と認知された相手の能力との関係［研究3］　63
　第3節　本章のまとめ　70

第7章　懸念的被透視感による反応──実験的アプローチによる検討── 72
　第1節　認知的負荷が懸念的被透視感による反応に
　　　　　与える影響［研究4］　72
　第2節　内面を気づかれたくない理由が懸念的被透視感による反応に
　　　　　与える影響［研究5］　92
　第3節　本章のまとめ　117

第8章　懸念的被透視感による反応──調査的アプローチによる検討── 121
　第1節　懸念的被透視感による反応に対する自己認識［研究6］　121
　第2節　本章のまとめ　129

第9章　懸念的被透視感による反応に対する他者の印象 ─────── 131
　第1節　懸念的被透視感による反応に対する他者の印象：
　　　　　研究4の映像の分析［研究7］　131
　第2節　懸念的被透視感による反応に対する他者の印象：
　　　　　研究5の映像の分析［研究8］　137
　第3節　懸念的被透視感に特徴的な反応に対する
　　　　　他者の印象［研究9］　143
　第4節　本章のまとめ　149

第Ⅲ部　全体的総括

第10章　本研究の結論 　155
第1節　実証的研究で得られた知見　155
第2節　懸念的被透視感の果たす役割　157

第11章　本研究の貢献と今後の展望 　162
第1節　本研究の貢献　162
第2節　今後の展望　164

引用文献　171
あとがき　180

本書の構成

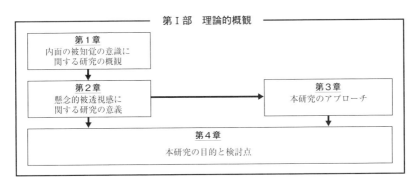
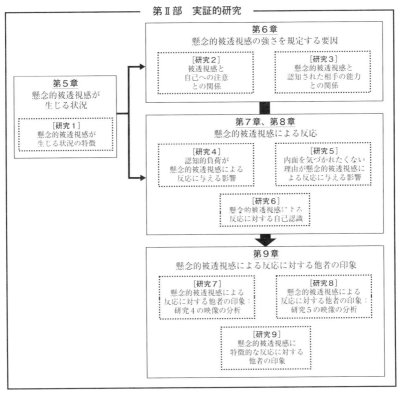

第Ⅰ部

理 論 的 概 観

第Ⅰ部：理論的概観は、四つの章で構成されている。
　第1章では、内面の被知覚の意識に関する研究について概観し、先行研究の未検討点を指摘する。第2章では、先行研究の未検討点を踏まえ、"懸念的被透視感"を提唱し、懸念的被透視感に関する研究の意義について論じる。第3章では、本研究のアプローチをまとめる。第4章では、本研究の目的と検討点について整理する。

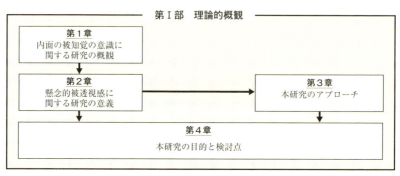

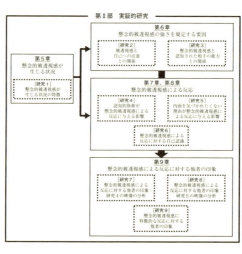

第1章

内面の被知覚の意識に関する研究の概観

第1節　心理学における内面の被知覚の意識の位置づけ

　心理学における自己に関する研究では、他者に見られる自己像の認識に関心が向けられてきた（e.g., Albright & Malloy, 1999; Kenny & DePaulo, 1993; Mead, 1934）。これまで、他者に見られる自己像として関心が向けられていたのは、主に他者が見ることができる自己の側面であった。

　しかし、近年では、他者に直接的に伝えていない、思考内容、事実、感情、意図、性格といった、他者が直接見ることのできない自己の内にとどめている事柄（以下、内面）についても、他者から知覚される自己像として関心が向けられるようになってきた。そして、他者に内面を気づかれているかもしれないという意識、すなわち、内面の被知覚の意識も着目されるようになってきた（Vorauer, 2001）。

　本研究で焦点を当てる、"気づかれたくない事柄を気づかれているかもしれない"という感覚は、気づかれたくない内面についての被知覚の意識であると位置づけられる。

第2節　内面の被知覚の意識が生じる背景

　本節では、内面の被知覚の意識が生じる背景として、内面の被知覚の意識

が生じる理由と前提条件を整理する[1]。

第1項　内面の被知覚の意識が生じる理由

　内面の被知覚の意識は、"他者が自己の内面に気づいている"と、他者の心を推測することによって生じる。進化心理学的な視点からは、他の個体の心を推測できる個体は推測できない個体と比べ、他の個体に先んじて行動できるため、利益を獲得し、損失を回避できる機会が多くなる結果、適応可能性が高くなると考えられる。そのため、他者の心を推測する心の働きは、人間の進化のプロセスの中で獲得されてきたと位置づけられる（長谷川・長谷川, 2000; 金沢, 2006）。

　内面の被知覚の意識が生じる理由としては、他者から知覚される自己像であるメタ知覚（metaperception）への関心が背景にあると考えられる（Vorauer, 2001）。他者が見ることができない自己の内面についても、他者からどのように見られているかを推測することで、自己の利益を最大化し、損失を最小化するように、自己の反応を調整できるからである。メタ知覚に関心が向けられる理由としては、以下の二つが考えられる。第一に、他者からの受容を得て拒絶を回避しようとするという理由である。Vorauer (2001) は、メタ知覚に関心を抱く理由の一つとして、他者からの受容を得るために、自己に対する他者の思考や感情を理解しようと気を配っていることを挙げた。また、Baumeister & Leary (1995) は、重要な他者に好かれることには適応上の価値があるために、自己に対する他者の感情を知ることに関心を抱くようになったと論じた。他者からの受容の重要性については、自己に対する評価感情である自尊心が他者からの拒絶を回避する指標となると位置づける、ソシオメーター理論（sociometer theory; Leary, Tambor, Terdal & Downs, 1995）でも論じられている。第二に、自己利益を確保しようとするという理由である。他者が自己に関して知っている情報を理解することができれば、自己の利益を最大化するために自己の行動を調整することが可能になると考えられる。その結果、自己の利益を最大化する可能性を高めることができると想定される。

本研究で扱う、気づかれたくない内面についての被知覚の意識は、気づかれたくない内面へのメタ知覚を推測することで生じると位置づけられる。自己の内面へのメタ知覚がなされる理由から、気づかれたくない内面についての被知覚の意識は、他者からの受容を得て拒絶を回避するために、あるいは、自己利益を確保するために生じると考えられる。

第2項　内面の被知覚の意識が生じる前提条件

内面の被知覚の意識が生じるためには、Figure 1-1 に図示されるように、二つの前提が考えられる。第一に、自己の内面を知覚する自己以外の主体が存在し、"その主体が自己の内面を知覚する可能性がある" と認識することである。自己の内面を知覚する自己以外の主体は、いわゆる他者である。"他者が自己の内面を知覚する可能性がある" という認識は、一般的には、自己と他者が相互作用している状況で生じる。

第二に、他者に知覚される自己像、すなわち自己に対するメタ知覚を認識できることである。メタ知覚を理解するためには、高次の心的理解のための能力が必要となるとされている。そのため、心の理論（theory of mind）が獲

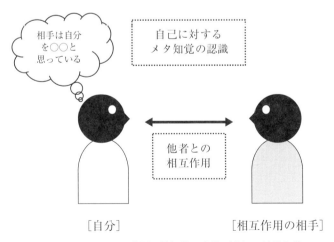

Figure 1-1　内面の被知覚の意識が生じる前提条件

得されることが前提となると仮定されている。心の理論とは、他者の心的状態や行動を説明・予測し、自他の心的状態を区別するための基本的な能力である（e.g., 遠藤, 1997; 子安・木下, 1997; Premack & Woodruff, 1978）。自己および他者の抱いている、目的、意図、知識、信念、思考、好みなどが理解できるのであれば、その個体は心の理論を持つと考えられる。幼児が心の理論を獲得しているか否かの確認には、誤信念課題と呼ばれる実験パラダイムが用いられている。そのうちの一つの"スマーティ課題"の手続きは、以下の通りである。対象となる幼児に、まず、(a) スマーティ（チョコレートの商品名）の箱の中に鉛筆が入っていることを示す。次に、(b) "他の子どもは、箱の中に何が入っていると思うか"を推測して答えるように求める。そして、(c) "箱が開けられる前には、自分は何が入っていると思ったか"を答えるように求める。(b) と (c) の質問に対して、両方とも"スマーティ"と答えることができれば、その幼児は心の理論を獲得していると判断される。これまでの研究結果から、心の理論は4歳頃までに段階的に獲得されると想定されている（子安・木下, 1997）。そして、心の理論は、幼児期に段階的に獲得された後には、他者の心的状態の推測に適用されると考えられている。

　以上の二つの前提から、内面の被知覚の意識は、一般的には、心の理論を獲得して自己に対するメタ知覚を認識できるようになった後に、他者と相互作用している状況において生じると考えられる。

第3節　内面の被知覚の意識に関する諸概念

　本節では、内面の被知覚の意識に関する既存の概念を概観する。これまでの研究において、内面の被知覚の意識に関する概念は、主に二つの視点から提唱されている。一つは、その意識を病理的な視点から捉える臨床心理学的視点である。もう一つは、その意識を対人関係的な視点から捉える社会心理学的視点である。以下、二つの視点から、既存の概念を概観する。

第1項　臨床心理学的視点

　内面の被知覚の意識を臨床心理学的視点から検討した研究では、内面の被知覚の意識は、対人恐怖症や統合失調症の症状の一つである、自我漏洩症状（egorrhea symptoms）として捉えられてきた。藤縄（1972）は、自我漏洩症状を、"自己の中のものが漏れて他者に知られ、他者に影響を及ぼすという体験を伴う症状" と位置づけた。そして、自我漏洩症状は、赤面恐怖、自己視線恐怖、自己臭恐怖、考想伝播などの症状を伴うと論じた。

　自我漏洩症状の特徴として、事例的研究（藤縄, 1972; 萩生田・濱田, 1991）や患者の実体験の報告（"Mitmodedet", 2002）から、主に以下の四点が挙げられる。一点目は、他者と相互作用がなくても生じるという点である。例えば、街中の通行人といった、偶然に周りにいる人に対しても、自我漏洩症状が生じると考えられる。二点目は、自己の意思に抗って内面が漏れ出ているという意識を伴うため、内面が漏れ出てしまう根拠が必ずしも明確でない点である。三点目は、自我漏洩症状を発症している人にとっては、内面が漏れ出してしまうことで、周囲の他者に不快感を与えていると感じられている点である。四点目は、症状が重篤になると漏洩への対処が困難なものとして認知され、漏洩する範囲が広くなるというように、症状の重篤度が変遷する点である。

　自我漏洩症状によって生じる、意図していないのに自己の内面が外に漏れてしまうという主観的感覚は、自我漏洩感とされる（丹野・坂本, 2001; 佐々木, 2011）。自我漏洩感は健常者にも生じることが、佐々木・丹野（2003）によって示されている。佐々木・丹野（2003）は、自我漏洩感を、何も言わないのに自己の内面が伝わると感じる経験として定義した。そして、健常の大学生による自我漏洩感を感じた場面の自由記述に基づき、自我漏洩感の経験頻度に関する尺度を作成した。調査の結果、作成された多くの項目において、半数以上の回答者から経験したことがあるという回答が得られた。この結果から、自我漏洩症状と類似した感覚を、健常者の多くが経験していると推察される。

第2項　社会心理学的視点

　内面の被知覚の意識を社会心理学的視点から検討した研究では、自己の主観的意識と他者の実際の知覚との差に焦点が当てられてきた。これまでの研究では、他者の心的状態の推測は自己中心的になる傾向があるとされている (Barr & Keysar, 2005; Keysar, Lin, & Barr, 2003)。この理由として、自他の用いることのできる情報の差に注意が向けられない傾向があることが指摘されている (Griffin & Ross, 1991)。そして、内面の被知覚の程度に関しても、同様の傾向が示されてきた。すなわち、自己の内面を相手に気づかれている程度を、実際に相手が気づいている程度よりも過大評価して推測する、透明性の錯覚 (illusion of transparency; Gilovich, Savitsky, & Medvec, 1998) が生じることが明らかにされてきた[2]。Gilovich et al. (1998) の第一研究では、嘘を見破る能力を調べるという教示の下に実験が行われた。5人グループで参加した実験参加者は、質問とその質問にどのように答えるのか（真実、もしくは嘘を話す）が書かれたカードを渡され、全員の前で順にカードの指示通りに回答するように求められた。全員の回答が終了した後、嘘をついた者は、嘘をついたことを見破ったと思う人数について、一方、嘘をつかなかった者は、嘘をついた者は誰だと思うかについて回答するように求められた。その結果、嘘をついた者は、自分が嘘をついていることを見破っていると思う人数を、実際に見破った人数よりも過大評価した。

　これまでの研究では、透明性の錯覚はさまざまな内面について生じることが示されている。上記の嘘 (e.g., Gilovich et al., 1998; 武田, 2006) の他にも、思考内容 (e.g., 工藤, 2007; Vorauer & Cameron, 2002)、緊張や不安 (e.g., 遠藤, 2007a; Savitsky & Gilovich, 2003)、喚起された情動 (e.g., 鎌田, 2007; Holder & Hawkins, 2007)、意図 (e.g., Garcia, 2002; Van Boven, Gilovich, & Medvec, 2003; Vorauer & Claude, 1998)、言語的意味 (e.g., Keysar & Henly, 2002)、特性 (e.g., Vorauer & Ross, 1999) について、透明性の錯覚が生じることが示されている。これらの研究では対面での相互作用が扱われている。また、電子メールを介した相互作用でも透明性の錯覚が生じることが示されている (Kruger, Epley, Parker, & Ng, 2005)。

透明性の錯覚が扱われている研究では、透明性の錯覚が生じるメカニズムの説明に主に関心が向けられ、係留と調整のヒューリスティック（Tversky & Kahneman, 1973）の観点からそのメカニズムが説明されている（e.g., Gilovich et al., 1998）。透明性の錯覚が生じるメカニズムは以下のように説明される。内面の被知覚の程度を判断する際に、自己が保有する情報などの主観的経験が判断の係留点となり、次に、他者は自己の内面について同等の情報を持っていないことを考慮するという、係留点からの調整が行われる。その際、係留点からの調整が不十分なまま最終的な判断がなされる。そのため、実際よりも内面の被知覚の程度が過大評価されると説明される。係留と調整のヒューリスティックの観点からの説明は、以下の知見によって支持されている。まず、判断の係留点に関する説明は、判断の係留点となる主観的経験のインパクトが大きいと、内面の被知覚の程度を高く評価するという知見によって支持されている。例えば、遠藤（2007a）では、不安傾向が高い者は低い者と比べ、自己の不安の程度が見透かされる程度を高く評価していた。次に、係留点からの調整に関する説明は、調整を促進させる情報が与えられると透明性の錯覚の程度は小さくなる、あるいは消失するという知見によって支持されている。例えば、Savitsky & Gilovich（2003）では、スピーチ不安を抱えている者は、自己の不安が見透かされていると思う程度を過大評価することが確認された。その上で、彼らに、"聴衆はあなたが思うほど不安に気づいていない"という情報を与えたところ、自己の不安が見透かされていると思う程度を低く評価し、その結果、スピーチ不安に対する透明性の錯覚が消失した。

　以上のように、透明性の錯覚は、係留と調整のヒューリスティックによって生じる理由が説明されることから、一般的な推測プロセスを反映した、相互作用の結果として生じる認知的バイアスの一つであると位置づけられる。その理由として、以下の二点が挙げられる。第一に、係留と調整のヒューリスティックで用いられる、主観的経験が判断の係留点となるという説明は、他者の知識を推測するプロセスに関するモデルにも援用されている点である。Nickerson（1999）は、他者知識の推測プロセスを、自己知識を係留点として自他の情報量の違いを修正するというプロセスによって説明し、こ

のプロセスがしばしば自己中心的になると論じている。第二に、係留と調整のヒューリスティックは、他の認知的バイアスの生起プロセスの説明にも援用されている点である。例えば、自己の目立ちやすさを過大に評価してしまうというスポットライト効果（spotlight effect; Gilovich, Medvec, & Savitsky, 2000）、他者の行動や出来事が過度に自己に向けられたものとみなす自己標的バイアス（self-as-a-target bias; Fenigstein, 1984）について、係留と調整のヒューリスティックの観点からバイアスが生じるメカニズムが説明されている。

第4節　先行研究の未検討点

　前節では、内面の被知覚の意識に関する既存の概念として、自我漏洩感と透明性の錯覚について概観した。本節では、内面の被知覚の意識に関する先行研究の未検討点を整理する。

　先行研究の主な未検討点として、内面の被知覚の意識が対人コミュニケーションの進行に与える影響について検討されていない点が挙げられる。内面の被知覚の意識は、一般的には、他者と相互作用している状況において生じると考えられる（第2節）。他者との相互作用においては、対人間のメッセージの伝達であるコミュニケーション、すなわち、対人コミュニケーションがなされる。したがって、内面の被知覚の意識が対人コミュニケーションの進行に与える影響に着目すると、対人コミュニケーションの理解を深めることや、内面の被知覚の意識が果たす役割を理解することが可能になると期待される。しかし、内面の被知覚の意識に関する既存の概念を用いた研究では、内面の被知覚の意識が対人コミュニケーションの進行に与える影響については焦点が当てられていない。自我漏洩感は、内面の被知覚の意識を、対人恐怖症や統合失調症による病理的な感覚として捉えている。したがって、自我漏洩感に関する研究では、一般的な対人コミュニケーションに焦点が当てられていないと考えられる。また、透明性の錯覚は、内面の被知覚の意識を、相互作用の結果として生じる認知的バイアスとして捉えている。したがっ

て、透明性の錯覚に関する研究では、認知的バイアスの存在が当該の対人コミュニケーションの進行に与える影響については焦点が当てられていないと考えられる。

　内面の被知覚の意識が対人コミュニケーションの進行に与える影響について検討するためには、以下の二点に着目する必要があると考えられる。第一に、日常の対人コミュニケーションの中で生じる主観的感覚に着目することである。第二に、その主観的感覚によって生起する反応に着目することである。しかし、前節でも整理したように、自我漏洩感や透明性の錯覚では、上記の二点については焦点が当てられていない。したがって、これらの概念では、内面の被知覚の意識が対人コミュニケーションの進行に与える影響について検討することはできないと考えられる。

　本研究で焦点を当てる、"気づかれたくない事柄を気づかれているかもしれない"という感覚は、気づかれたくない内面についての被知覚の意識であると位置づけられる。そこで、次章では、先行研究の未検討点と、本研究で扱う現象を踏まえ、"懸念的被透視感"を提唱する。

注
1　内面の被知覚の意識が生じる理由と前提条件を整理した議論は、太幡（2010a）において発表されている。
2　ここで説明される透明性の錯覚を"行為者の透明性の錯覚"とし、観察者が他者の内面を見抜いていると思う程度を実際よりも過大評価する傾向を"観察者の透明性の錯覚"とする研究も見られる（e.g., 武田, 2006; 工藤, 2007）。内面の被知覚の意識は、"行為者の透明性の錯覚"と対応する。本書では、二種類の透明性の錯覚を分けず、"行為者の透明性の錯覚"を透明性の錯覚として論じる。

第2章

懸念的被透視感に関する研究の意義

第1節　懸念的被透視感の提唱

　本節では、先行研究の未検討点（第1章第4節）を踏まえ、"懸念的被透視感"を提唱する。続いて、懸念的被透視感の上位概念、類似概念について整理する。そして、懸念的被透視感を、内面の被知覚の意識に関する既存の概念である、自我漏洩感、透明性の錯覚（第1章第3節）と対比させる[1]。

第1項　懸念的被透視感の定義

　内面の被知覚の意識に関する先行研究の未検討点（第1章第4節）として、内面の被知覚の意識が対人コミュニケーションの進行に与える影響について検討されていない点が挙げられる。しかし、この未検討点は、自我漏洩感や透明性の錯覚といった、内面の被知覚の意識に関する既存の概念では検討することはできないと考えられる。
　以上の点を踏まえ、本研究では、気づかれたくない内面についての被知覚の意識に焦点を当て、対人コミュニケーションの中での主観的感覚を捉える概念として、"懸念的被透視感"を提唱する。すなわち、"他者と相互作用している状況において、自分で直接的に伝えていないのに、気づかれたくない事柄を相互作用している相手に気づかれているかもしれないと感じる感覚"を懸念的被透視感と定義する。例えば、日常の対人コミュニケーションにおいて、"相手に隠していることを気づかれているように感じる"、"相手

を苦手だと思っていることを見透かされているように思う"といった感覚である。整理すると、懸念的被透視感は、相互作用している相手に気づかれたくないと思う事柄について、その事柄を"相手に気づかれているかもしれない"と推測することで生じる感覚と位置づけられる。

第2項　懸念的被透視感の上位概念、類似概念

　懸念的被透視感の位置づけを明確化させるため、懸念的被透視感の上位概念、類似概念について整理する。

　懸念的被透視感の上位概念としては、"被透視感"（太幡・押見, 2004; 太幡, 2010a）が位置づけられる。被透視感は、"自分で直接的に伝えていないのに、自己の内面を気づかれているかもしれないと感じる感覚"と定義される（太幡・押見, 2004; 太幡, 2010a）。被透視感は、当該の相互作用の中で生じる内面の被知覚の意識に関する主観的感覚とされている。また、被透視感が生じる際の自己の内面は、気づかれたくない事柄に限定されていない。このことから、懸念的被透視感は、特に、気づかれたくない事柄についての被透視感であると位置づけられる。

　次に、懸念的被透視感の類似概念としては、相手に気づいてほしい事柄についての被透視感が想定される。人は自己像をポジティブに捉えるというポジティブ幻想（positive illusion）を抱く傾向があることから（Taylor & Brown, 1988）、他者に対して、"伝えていないけれど気づいてもらっている"と感じることがあると考えられる。また、透明性の錯覚に関する研究では、意図のような、他者に伝えたいと思うことに関しても、透明性の錯覚が生じることが示されている（e.g., Garcia, 2002; Van Boven et al., 2003; Vorauer & Claude, 1998）。こうしたことから、本研究では、"他者と相互作用している状況において、自分で直接的に伝えていないのに、気づいてほしい事柄を相互作用している相手に気づかれているかもしれないと感じる感覚"を、"期待的被透視感"と定義する。期待的被透視感も懸念的被透視感と同様に、被透視感の下位概念であると位置づけられる。

第3項　懸念的被透視感と既存の概念との対比

　本項では、懸念的被透視感の特徴や概念的な位置づけを明確化させるため、懸念的被透視感を、内面の被知覚の意識に関する既存の概念である、自我漏洩感、透明性の錯覚（第1章第3節）と対比させる。

１．懸念的被透視感と自我漏洩感
　懸念的被透視感と自我漏洩感は、主観的感覚に焦点が当てられている点において類似していると考えられる。しかし、懸念的被透視感と自我漏洩感の相違点として、自我漏洩感は、内面の被知覚の意識を、統合失調症の症状の一つといった病理的な感覚として捉えている点が挙げられる。自我漏洩感が生じる状況に関する特徴（第1章第3節）に鑑みると、自我漏洩感が病理的な感覚を捉えていると考えられる理由として、以下の三点が挙げられる。第一に、自己の意思に抗って他者に内面が漏れ出てしまうという意識を伴う点である。第二に、街中の通行人といった、相互作用がない他者にも感じられる点である。第三に、内面が漏れ出してしまうことで周囲の他者に不快感を与えていると感じられる点である。以上の三点から、自我漏洩感は、一般的な相互作用以外でも生じる、特異的な感覚であると考えられる。

　以上をまとめると、自我漏洩感は、病理的な傾向に関わる、内面の被知覚の意識に対する認知的傾向が扱われていると位置づけられる。したがって、自我漏洩感と懸念的被透視感とは、質的に異なる感覚であると考えられる。

２．懸念的被透視感と透明性の錯覚
　懸念的被透視感と透明性の錯覚は、相互作用に着目している点が共通していると考えられる。すなわち、両者とも、日常の対人コミュニケーションで生じる事柄を捉えていると考えられる。

　しかし、懸念的被透視感と透明性の錯覚の相違点として、以下の二点が挙げられる。第一に、測定方法の違いが挙げられる。懸念的被透視感は、"自己の内面がどの程度他者に知覚されているか"という主観的意識について、対象者に評定するように求めることで測定される。このとき、"他者がどの

程度知覚していたか"という客観的な指標は扱われない。一方、透明性の錯覚は、内面を知覚される側に、"自己の内面がどの程度他者に知覚されているか"という主観的意識に評定するように求める。併せて、実際の他者に、どの程度内面を知覚したかという客観的な評定をするように求める。そして、両者の評定の差が透明性の錯覚の指標となる。他者が内面を知覚した程度よりも、知覚される側が内面を知覚されたと推測する程度が有意に大きいならば、透明性の錯覚が生じていると判断される[2]。

　第二に、対象とする事象が異なる点が挙げられる。懸念的被透視感は、相互作用の中で生じる内面の被知覚の意識である。一方、透明性の錯覚は相互作用の結果として生じる認知的バイアスである。したがって、透明性の錯覚は、懸念的被透視感のように、相互作用における一時点に着目した概念ではないと考えられる。このことから、懸念的被透視感と、透明性の錯覚における内面の被知覚の意識に関する主観的評定とは、対象とする事象が異なると考えられる。具体的には、懸念的被透視感は、相互作用中に懸念的被透視感が生じた時点を同定することが可能であるため、一連の相互作用全体を評価した判断に加え、相互作用中の一時点での主観的意識も対象としていると位置づけられる。特に、相互作用中の一時点での主観的意識に着目すると、内面の被知覚の意識がその後の対人コミュニケーションの進行に与える影響を明らかにすることができるようになる。一方、透明性の錯覚における内面の被知覚の意識に関する主観的評定は、一連の相互作用全体を評価した上での内面の被知覚の意識が扱われていると位置づけられる。

第2節　懸念的被透視感に関する研究の意義

　前節では"懸念的被透視感"を提唱し、懸念的被透視感の特徴や概念的な位置づけを明確化させるため、懸念的被透視感を、自我漏洩感、透明性の錯覚と対比した。本節では、懸念的被透視感に関する研究の意義について論じる。

　懸念的被透視感に関する研究の意義として、以下の二点が挙げられる。第

一に、対人コミュニケーションの理解を深めることができる点が挙げられる。われわれは、気づかれたくない事柄を自己の内面にとどめながら対人コミュニケーションを行っているため、対人コミュニケーションの中で、気づかれたくない内面についての被知覚の意識、すなわち懸念的被透視感を感じることがあると考えられる。しかし、懸念的被透視感が生じている状況での対人コミュニケーションについては検討されていない。したがって、懸念的被透視感に着目すると、これまでに検討されていない対人コミュニケーションの特徴を理解する契機となると考えられる。特に、欺瞞的コミュニケーションに関する研究に示唆を与えると考えられる。欺瞞的コミュニケーションは、自分が違うと思うことを他者に信じさせる、欺瞞を用いたコミュニケーションである。欺瞞的コミュニケーションに関するこれまでの研究では、嘘をつく者が表出する言語的、非言語的反応に主に焦点が当てられてきた（e.g., DePaulo, Lindsey, Malone, Muhlenbruck, Charlton, & Cooper, 2003; Vrij, 2008＝太幡・佐藤・菊地〈監訳〉, 2016; Zuckerman, DePaulo, & Rosenthal, 1981）。一方で、欺瞞的コミュニケーションを行う者が生じる主観的感覚については、罪悪感、恐怖、騙す喜びに伴う興奮が生じると仮定され（Ekman, 1985＝工藤〈訳編〉, 1992）、嘘をつくときの行動を変化させる要因になると論じられてきた（Sporer & Schwandt, 2006, 2007; Zuckerman et al., 1981）。しかし、上記の感情以外の主観的感覚には十分に焦点が当てられてこなかった。欺瞞的コミュニケーションは真実であると思う事柄を意図的に偽ることや隠すことを目的とするため、懸念的被透視感は欺瞞的コミュニケーションに失敗した可能性を推測することで生じる感覚と位置づけられる（太幡, 2013）。懸念的被透視感に着目すると、欺瞞的コミュニケーションを行う者が感じやすい主観的感覚の特徴を多面的に理解することに寄与することになると期待される。

　第二に、気づかれたくない内面についての被知覚の意識が果たす役割を理解できる点が挙げられる。これまでの研究では、内面の被知覚の意識は、自我漏洩感といった病理的な感覚として、あるいは、透明性の錯覚といった認知的バイアスとして捉えられてきた。したがって、内面の被知覚の意識が対人コミュニケーションの進行に与える影響については未検討のままである。懸念的被透視感に着目すると、気づかれたくない内面についての被知覚の意

識が、意識した本人に与える影響や対人コミュニケーションの進行に果たす役割が理解できるようになると考えられる。

以上に示した研究の意義を踏まえ、第4章において、本研究の目的と検討点を整理する。その前に、第3章では、本研究のアプローチについて論じる。

注
1 懸念的被透視感、自我漏洩感、透明性の錯覚の相違点を整理した議論は、太幡（2010a）において発表されている。
2 透明性の錯覚の指標として、知覚される側の評定値と理論的期待値の差を求めることもある。理論的期待値とは、偶然レベルで正解できる程度である。知覚される側の評定値が理論的期待値より有意に大きいならば、透明性の錯覚が生じていると判断される。理論的期待値について、5人グループで嘘をついた1人を回答する、Gilovich et al.（1998）の第一研究（第1章第3節）を例に説明する。嘘をつかなかった4人にとっては、自分以外の4人の誰かが嘘をついたことになる。したがって、25％（1人）は偶然レベルで正解できるため、理論的期待値は25％（1人）となる。

第3章

本研究のアプローチ

第1節　対人コミュニケーションを検討するための視点

　本節では、懸念的被透視感が生じている状況における対人コミュニケーションを検討するための視点を整理する。

　対人コミュニケーションに関するモデルでは、情報の送り手と受け手の双方向的な情報のやりとりがプロセスとして描かれている (e.g., 深田, 1998; 竹内, 1973)。竹内 (1973) が示したモデルを、Figure 3-1 に示す。このモデルでは、対人コミュニケーションは、情報の送り手が情報を記号化してメッセージを送り、受け手はそのメッセージを受信し、受信した情報に基づいて情報を最初の送り手に発信するという循環によって構成されると説明されている。すなわち、対人コミュニケーションは、対人コミュニケーションを構成する個々のステップの連続体として描写されている。

　社会現象を検討するアプローチの一つとして、その現象を構成するミクロレベルの構成要素を検討し、得られた知見を統合する方法が提唱されている (Kelley, 1992)。この方法を対人コミュニケーションに関する研究に援用すると、対人コミュニケーションを構成する個々のステップを検討し、得られた知見を統合するアプローチが考えられる。

　対人コミュニケーションを構成する個々のステップを検討したアプローチは、主に、他者に対する期待[1]がその後の対人相互作用に与える影響に関する研究において用いられている (e.g., Darley & Fazio, 1980; Jones, 1986; Pelletier & Vallerand, 1996; Snyder & Stukas, 1999)。例として、対人相互作用における

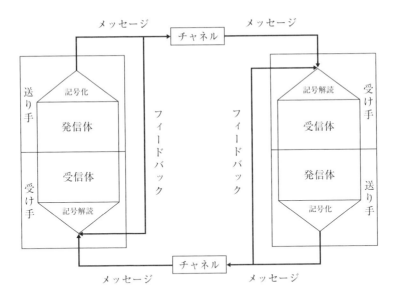

Figure 3-1　社会的コミュニケーションのプロセスモデル（竹内, 1973）

自己成就予言に関する研究を挙げる。自己成就予言は、当初は、銀行の支払い不能のうわさによって預金者が預金を一斉に引き出すことで、実際の銀行の倒産が生じるといった、人々の誤った信念が社会的現実を生み出すという社会的現象を説明する概念であった（Merton, 1948; Merton, 1957＝森・森・金沢・中島〈訳〉, 1961）。しかし、その後の研究で、自己の推測を自らの反応によって現実のものとするという形で、対人相互作用の中でも自己成就予言が生じることが指摘されてきた（e.g., Darley & Fazio, 1980; Jones, 1977）。例えば、他者からの拒否に対する感受性（拒絶感受性）が強い者は、"拒否されているかもしれない"という推測に基づいて相互作用する相手に反応する結果、相手に実際に拒否されるという自己成就予言を生起させやすいことが示されている（Downey & Feldman, 1996）。また、相手に対する自分の微笑が、相手の微笑を引き出す結果、相手によい印象を抱くことにつながるという結果から、相手に対する好意についても自己成就予言が生じることが報告されている（廣岡・横矢, 2003）。

対人相互作用において自己成就予言が生起するプロセスについて、Darley

& Fazio (1980) は、個々のステップの連続体として説明した。このステップを、Figure 3-2 に示す。説明されているステップは、①ターゲット人物に対する知覚者の期待の形成、②形成した期待に一致した知覚者の行動、③この行動に対するターゲットの解釈、④ターゲットの反応、⑤ターゲットの反応に対する知覚者の解釈のステップである[2]。このステップを、拒絶感受性の強い者（A）が相互作用する相手（B）から実際に拒否されるという自己成就予言を例に説明すると、以下のように説明される。まず、Aが、Bの行動などから、"Bに拒否されているかもしれない"と推測する（①）。続い

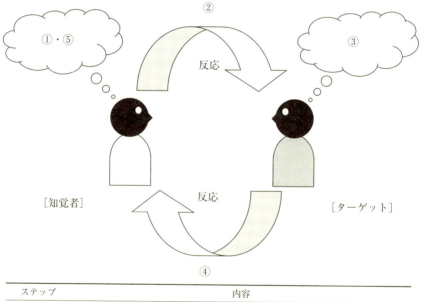

ステップ	内容
①	ターゲットの行動の観察やターゲットのカテゴリーに基づき、知覚者がターゲットに期待を抱く。
②	知覚者が、期待と一致するようにターゲットに対して振る舞う。
③	ターゲットが、知覚者の行動の意味を解釈する。
④	ターゲットが、解釈に基づいて知覚者の行動に反応する。
⑤	知覚者が、ターゲットの反応を解釈する。

Figure 3-2　対人相互作用において自己成就予言が生起するプロセス
（Darley & Fazio, 1980 をもとに作成）
注）それぞれのステップについている記号は、本文中の記号と対応している。

て、AがBに推測に基づいてBに行動をとり（②）（例：自分に好意があることをBに確認する）、その反応がBに知覚される（③）（例：BはAをわずらわしく感じる）。そして、知覚に基づいてBはAに反応する（④）（例：Aと距離を置こうとする）。その結果、Aは最初の推測を確証するような知覚を行い（⑤）（例：Bの行動を自分に対する拒否として知覚する）、当初の推測に沿うようなBへの行動を繰り返す（①）（例：自分に好意があることをBにさらに確認する）。最終的には、それぞれのステップが繰り返されることにより、AがBから実際に拒否されるという、Aの最初の推測に沿った現実が生み出されてしまう。拒絶感受性の強い者が引き起こす自己成就予言の生起プロセスは、以上に示したステップを統合することで説明される。

以上に述べた、対人相互作用における自己成就予言に関する研究のように、対人コミュニケーションに関する研究において、対人コミュニケーションを構成する個々のステップを検討するアプローチの利点は、以下の二点に整理される。第一に、個々のステップに着目することにより、社会心理学の実験的手法を用いて検討することが可能になる点である。すなわち、懸念的被透視感の強さを規定する要因や、懸念的被透視感による反応に影響を与える要因を実験的に操作して検討することができると考えられる。第二に、それぞれのステップが別のステップに与える影響を理解できるようになるため、ダイナミックな相互作用のプロセスを明らかにすることが可能になる点である。したがって、それぞれのステップで得られた知見を統合することにより、気づかれたくない事柄を相手に気づかれてしまうといった、懸念的被透視感による自己成就予言が生起するプロセスについても説明することができると考えられる。

以上の議論に基づいて、本研究では、懸念的被透視感が生じている状況における対人コミュニケーションの特徴を検討するため、対人コミュニケーションを構成する個々のステップを検討するアプローチを用いる。対人コミュニケーションにおいて懸念的被透視感が生じている時点として、"懸念的被透視感が生じるステップ"、"懸念的被透視感によって反応が生起するステップ"、"生起した反応が他者に知覚されるステップ" の三つのステップに着目し、個々のステップについて検討する。具体的には、"懸念的被透視感

第Ⅰ部　理論的概観

が生じるステップ"に関しては、懸念的被透視感の強さを規定する要因について検討する。"懸念的被透視感によって反応が生起するステップ"に関しては、懸念的被透視感による反応や、生起する反応に影響を与える要因について検討する。"生起した反応が他者に知覚されるステップ"に関しては、懸念的被透視感による反応に対する他者の印象について検討する。そして、それぞれのステップにおける特徴について整理するとともに、得られた知見から、懸念的被透視感の果たす役割を考察する。

第4章では、本研究の目的と検討点を整理する。その前に、懸念的被透視感による反応を検討するための視点について論じる。

第2節　懸念的被透視感による反応を検討するための視点

本節では、懸念的被透視感による反応を検討するための視点を、以下の二点から整理する。第一に、懸念的被透視感による反応に影響を与える要因を検討するために、懸念的被透視感による反応に関連すると考えられるモデルを概観する。本節では、並行プロセスモデル、制御理論について、それぞれのモデルの特徴と、モデルから想定される反応への影響について論じる。第二に、懸念的被透視感による反応を検討する方法について整理する。

第1項　並行プロセスモデル

並行プロセスモデル（parallel process model）は、Patterson（1996, 2001）によって提唱された、非言語的コミュニケーションの生起プロセスを説明するために、送り手と受け手を一つの枠組みで整理したモデルである。並行プロセスモデルを、Figure 3-3に示す。並行プロセスモデルでは、対人コミュニケーションにおいて個人は情報の受け手であると同時に送り手でもあるという前提に基づいて、対人コミュニケーションの送り手と受け手の情報処理の統合が試みられている。すなわち、並行プロセスモデルは、反応の知覚者である受け手の側が社会的判断をする際の情報処理プロセスだけでなく、送

第3章　本研究のアプローチ

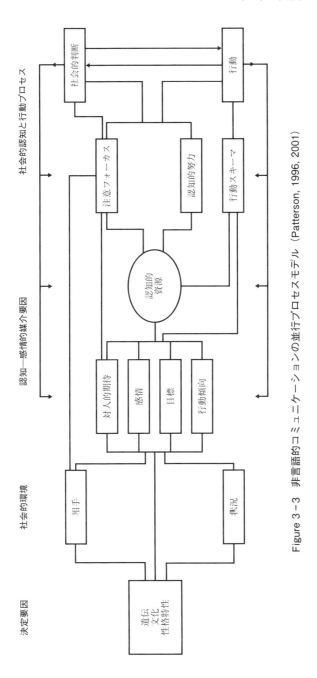

Figure 3-3　非言語的コミュニケーションの並行プロセスモデル (Patterson, 1996, 2001)

31

り手の側が反応を生起させる際の情報処理プロセスにも焦点が当てられている。

並行プロセスモデルの主な特徴として、情報処理に割り当てることができる有限な資源である認知的資源が、情報の受け手の情報処理だけでなく、対人行動を実行する側である情報の送り手の情報処理にも影響すると説明されている点が挙げられる。心理学において、情報処理プロセスについては、二種類のプロセスが提唱されている（e.g., Bargh, 1984; Chaiken & Trope, 1999）。すなわち、注意を向けて意識的に行う統制的な情報処理と、注意を向けずに無意識に行われる自動的な情報処理である。統制的な情報処理は意図的で目標指向的な情報処理として、自動的な情報処理は環境刺激によって意図とは無関係に生じる情報処理として位置づけられている。そして、統制的な情報処理は多くの認知的資源を必要とする一方、自動的な情報処理は認知的資源をほとんど必要としないと考えられている。

認知的資源の量が情報処理に影響することを示すために、情報の受け手の情報処理プロセスに関する、ターゲット人物の特性推論の研究を例として挙げる。Gilbert, Pelham, & Krull（1988）では、ターゲット人物の特性の推論を求められたとき、同時に付加的な課題が与えられて認知的負荷のある状況に置かれた者は付加的な課題が与えられなかった者と比べ、不安を喚起させる内容についてスピーチしたターゲット人物に対し、不安特性が高いと推論した。一方、リラックスして取り組める内容についてスピーチしたターゲット人物に対し、不安特性が低いと推論した。この結果は、認知的負荷により認知的資源が消費された者が、スピーチの題材を考慮してターゲット人物の特性を推論するという、認知的資源を必要とする修正プロセスによる統制的な情報処理を行うことができなかったためであると解釈される。

なお、並行プロセスモデルは、Patterson（1996, 2001）が提唱した非言語的コミュニケーションだけでなく、言語的コミュニケーションの生起プロセスにも援用できると考えられる。両者は、認知的資源が対人行動を実行する際の情報処理に影響するという点で共通していると想定されるためである。

以上に説明した並行プロセスモデルに基づくと、認知的資源の量が、懸念的被透視感による反応に影響を与えると予測される。具体的には、懸念的被

透視感を感じた際に、認知的負荷によって認知的資源が消費されていると、認知的資源の必要な統制的な情報処理が十分に行われないまま反応が表出されやすくなると予測される。非言語的反応については、気づかれたくない事柄を気づかれてしまうことへの焦りを反映した反応、例えば沈黙や焦りの表情が、抑制されずに表出されやすくなると想定される。言語的反応については、十分に処理されていない発言、例えば的確性の低い発言が生起しやすくなると想定される。

第2項　制御理論

　制御理論（control theory）は、Carver（1979）や Carver & Scheier（1981, 1998）によって提唱された、自己の反応の制御プロセスを説明する理論である。制御理論のモデルの概略図を、Figure 3-4 に示す。制御理論では、自己に注意が向いて基準が意識されたとき、当該状況において抱く基準と現在の自己の状態との比較がなされ、基準と現在の状態が適合していない場合、現在の状態を基準に適合させる反応が生起すると論じられている。これまでの研究では、鏡や内省によって自覚状態に置かれると、当該状況での基準が顕現化するために、現在の状態を基準に適合させる反応が指向されることが示されてきた。例えば、Scheier, Fenigstein, & Buss（1974）は、女性に電気ショックで攻撃する状況に置かれた男性の実験参加者のうち、鏡が目の前にあった人は、女性への攻撃を抑制することを明らかにした。制御理論に基づくと、鏡が実験参加者の"女性にはやさしくすべき"という基準を顕現化させたため、女性への攻撃行動が抑制されたと解釈される。

　制御理論の枠組みと対応させると、懸念的被透視感が生じる状況は、基準（ある事柄を気づかれたくない）に対して、現状（その事柄を相手に気づかれているかもしれない）がずれていると推測するときであると説明される。したがって、制御理論に基づくと、懸念的被透視感が生じた際には、基準に現状を一致させる対処反応が生起すると想定される。そして、反応に影響を与える要因として、以下の二点が想定される。第一に、内面を気づかれたくない意識の高さである。内面を気づかれたくない意識が高いと、基準と現在の状態の

第Ⅰ部 理論的概観

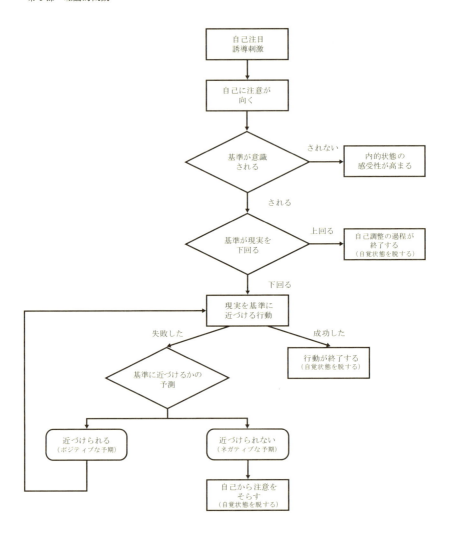

Figure 3-4 制御理論のモデルの概略図（坂本, 1997 をもとに作成）

ずれが大きくなると考えられる。したがって、気づかれないようにする対処反応が生起しやすくなると想定される。第二に、内面を気づかれたくない理由である。内面を気づかれたくない理由が当該状況における反応の基準となるため、内面にある事柄を相手に気づかれたくない理由によって、懸念的被透視感による対処反応の方略に違いがみられると考えられる。すなわち、内面を気づかれたくない理由に対応した対処反応が生起しやすくなると想定される。

第3項　懸念的被透視感による反応を検討する方法

　懸念的被透視感による反応を検討するにあたり、本章では、二つのアプローチによって検討する。第一に、懸念的被透視感による反応について、懸念的被透視感を喚起する実験的操作によって生起する反応を測定する、実験的アプローチによって検討する（第7章）。第二に、懸念的被透視感による反応について、懸念的被透視感を感じた際の自己の反応に想起を求める、調査的アプローチによって検討する（第8章）。以上の二つのアプローチからの検討により、懸念的被透視感による反応の特徴を多面的に捉えることができると考えられる。加えて、懸念的被透視感による反応に関して、反応を生起させた本人の認識と、実際に表出されている反応との違いを対比させることができると考えられる。

注
1　ここでいう期待とは、"ポジティブなものを待ち望む"という意味だけでなく、他者に対する予期の総称である。
2　Darley & Fazio（1980）は、"ターゲットが、知覚者に対して行動した後に、自分の行動の意味を解釈する"というステップにも言及している。このステップは、対人相互作用の進行には直接的に関わらないため、説明を省略する。

第4章

本研究の目的と検討点

第1節　本研究の目的

　内面の被知覚の意識に関する先行研究の未検討点として、内面の被知覚の意識が、対人コミュニケーションの進行に与える影響について検討されていない点が挙げられる（第1章第4節）。上記の点について、懸念的被透視感という概念を通して検討することにより、対人コミュニケーションの理解を深めることができ、また、気づかれたくない内面についての被知覚の意識が果たす役割について理解できると考えられる（第2章第2節）。
　以上の議論に基づいて、本研究では、懸念的被透視感を通して対人コミュニケーションの理解を深めることを全体の目的とし、懸念的被透視感が生じている状況における対人コミュニケーションの特徴を検討することとする。

第2節　本研究の検討点

　本研究では、懸念的被透視感が生じている状況における対人コミュニケーションの特徴を検討するにあたり、対人コミュニケーションの中で懸念的被透視感が生じている時点に着目し、対人コミュニケーションを構成する個々のステップについて検討する。具体的には、以下の三つを検討点とする。対人コミュニケーションのステップと本研究の検討点を、Figure 4-1 に示す。第一の検討点は、懸念的被透視感の強さを規定する要因を検討することであ

第 4 章　本研究の目的と検討点

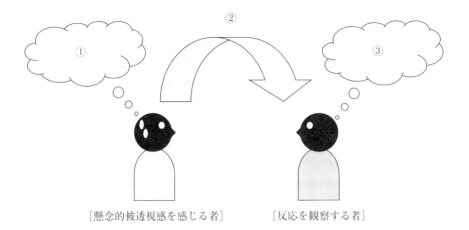

ステップ	対人コミュニケーションのステップ	本研究の検討点
①	懸念的被透視感が生じるステップ	懸念的被透視感の強さを規定する要因の検討
②	懸念的被透視感によって反応が生起するステップ	懸念的被透視感による反応の検討
③	生起した反応が他者に知覚されるステップ	懸念的被透視感による反応に対する他者の印象の検討

Figure 4-1　対人コミュニケーションのステップと本研究の検討点
注) それぞれのステップについている記号は、本文中の記号と対応している。

る（①）。第二の検討点は、懸念的被透視感による反応を検討することである（②）。第三の検討点は、懸念的被透視感による反応に対する他者の印象を検討することである（③）。また、懸念的被透視感が生じる状況の特徴については明らかにされていない。そこで、以上の三点の検討に先立ち、懸念的被透視感が生じる状況の特徴についても、併せて検討する。

　第Ⅱ部では、以上の三つの検討点について、実証的研究により検討する（第5章～第9章）。第5章では、懸念的被透視感が生じる状況の特徴を検討する（研究1）。そして、得られた知見を踏まえ、それぞれの検討点を検討していく。第6章では、本研究の第一の検討点である、懸念的被透視感の強さを規定する要因を検討する（研究2、研究3）。第7章と第8章では、本研究の第二の検討点である、懸念的被透視感による反応を検討する（研究4、研究

5、研究6)。第9章では、本研究の第三の検討点である、懸念的被透視感による反応に対する他者の印象を検討する(研究7、研究8、研究9)。

第Ⅱ部

実証的研究

第Ⅱ部：実証的研究は、五つの章で構成されている。

第5章では、懸念的被透視感が生じる状況について検討する。第6章では、懸念的被透視感の強さを規定する要因について検討する。第7章、第8章では、懸念的被透視感による反応について検討する。第9章では、懸念的被透視感による反応に対する他者の印象について検討する。

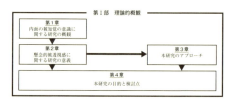

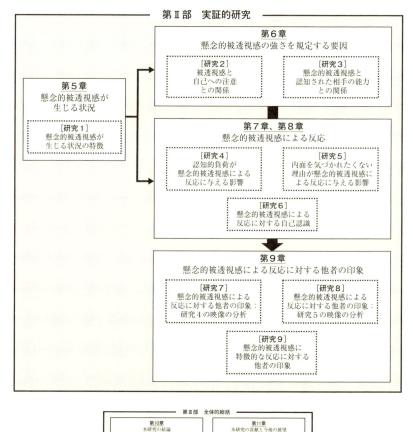

第5章

懸念的被透視感が生じる状況

第1節　懸念的被透視感が生じる状況の特徴 ［研究1］[1]

第1項　問題

　研究1では、懸念的被透視感が生じる状況の特徴について検討することを目的とする。具体的には、内容的特徴と状況的特徴に着目する。内容的特徴としては、懸念的被透視感を感じた事柄、その事柄を伝えていなかった理由に着目する。状況的特徴としては、懸念的被透視感を感じた相手、懸念的被透視感を感じた根拠に着目する。併せて、懸念的被透視感によって生起させた反応についても検討する。

　懸念的被透視感が生じる状況の特徴を検討するにあたり、調査対象者に懸念的被透視感を感じた状況に想起を求める方法を用いる。懸念的被透視感の比較対象として、気づいてほしい事柄についての被透視感である期待的被透視感（第2章第1節）が生じる状況の特徴も併せて扱う。また、予備調査において、懸念的被透視感が日常の対人コミュニケーションでしばしば生じていることを確認する。

第2項　方法

1．予備調査

　懸念的被透視感は日常の対人コミュニケーションでしばしば生じている

ことを確認するために、予備調査を実施した[2]。大学生141名（男性63名、女性78名、平均年齢20.64歳（$SD=1.99$））に、"相手とやりとりをしているときに、気づかれたくないことを気づかれているかもしれないと感じることがしばしばある"の1項目に、"1．全く当てはまらない"、"2．あまり当てはまらない"、"3．どちらともいえない"、"4．やや当てはまる"、"5．非常に当てはまる"の5件法で回答するように求めた[3]。その結果、平均値は3.21（$SD=1.13$）であり、理論的中間点（3点）よりも有意に高かった（$t(140)=2.06$, $p<.05$）。また、"4．やや当てはまる"は35.2％、"5．非常に当てはまる"は11.2％に選択された。一方、"1．全く当てはまらない"は7.2％に選択されたのみであった。以上の結果から、個人差はあるものの、懸念的被透視感は日常の対人コミュニケーションでしばしば生じていることが示唆された。

2．調査対象者・手続き

　大学生20名（男性10名、女性10名、平均年齢22.30歳（$SD=0.93$））に対し、個別に半構造化面接を行った。

3．質問内容

　調査対象者に、"ある相手とやりとりをしているときに、その人に対して、自分から直接的に伝えていない、感情、考え、思っていること、性格、隠している本当のことなどが、気づかれているかもしれないと感じた経験についてお聞きします"と教示した。次に、懸念的被透視感に関する経験を想起させるために、"自分にとって、相手に気づかれたくないと思う内面について、最近、そのように感じた経験を思い出してください"と告げ、以下の事柄について質問した。内容的特徴として、懸念的被透視感を感じた事柄、その事柄を伝えていなかった理由について回答するように求めた。状況的特徴として、懸念的被透視感を感じた相手、懸念的被透視感を感じた根拠について回答するように求めた。また、懸念的被透視感によって生起させた反応について回答するように求めた。併せて、想起された経験の気づかれたくない意識の高さを確認するため、その事柄を気づかれたくないと思っていた程度について、"あまり"、"やや"、"かなり"、"非常に"の4件法で回答するように

求めた。複数の経験がある場合には、それぞれの経験について想起するように求め、上記の質問を繰り返した。続いて、期待的被透視感に関する経験を想起させるため、"自分にとって、相手に気づいてほしいと思う内面について、最近、そのように感じた経験を思い出してください"と告げ、懸念的被透視感と同様の質問をした。併せて、想起された経験の気づいてほしい意識の高さを確認するために、その事柄を気づいてほしいと思っていた程度について、"あまり"、"やや"、"かなり"、"非常に"の4件法で回答するように求めた。複数の経験がある場合には、それぞれの経験について想起するように求め、質問を繰り返した。回答内容は、調査者によって記録された。なお、順序効果を考慮して、半数の調査対象者には、期待的被透視感に関する経験について先に回答するように求めた。調査時間は平均で約30分であった。

4．データの分類

それぞれの項目について、社会心理学を専門とする大学院生2名で分類カテゴリーを作成した。次に、分類カテゴリーを作成した2名とは別の2名の評定者（大学院生）に、それぞれの項目ごとに各回答を分類するように求めた。一致率は、懸念（期待）的被透視感を感じた事柄が87.9％、その事柄を伝えていなかった理由が85.7％、懸念（期待）的被透視感を感じた相手が100.0％、懸念（期待）的被透視感を感じた根拠が92.3％、懸念（期待）的被透視感によって生起させた反応が95.6％であった。分類されたカテゴリーが不一致だった場合には、両者の協議により再分類するように求めた。

第3項　結果

1．得られた経験の個数

調査対象者から得られたのは、懸念的被透視感に関する経験は62場面、期待的被透視感に関する経験は29場面であった。懸念的被透視感に関する経験は20名全員から抽出された（最少1、最大8）。期待的被透視感に関する経験は20名中17名から抽出された（最少0、最大3）。一人あたりの言及

数を比較すると、懸念的被透視感に関する経験（$M=3.10, SD=1.62$）の方が期待的被透視感に関する経験（$M=1.45, SD=0.95$）よりも多く言及されていた（$t(19)=4.52, p<.001$）。

2．気づかれたくない（気づいてほしい）程度

懸念的被透視感を感じた事柄を気づかれたくない程度は、"やや"は37.1%、"かなり"は29.0%、"非常に"は25.8%と多く選択されており、"あまり"は8.1%であった。期待的被透視感を感じた事柄を気づいてほしい程度は、"やや"は37.4%、"かなり"は48.3%と多く選択されており、"あまり"は10.3%、"非常に"は3.5%であった。したがって、気づかれたくないという意識、気づいてほしいという意識がある程度高い経験が想起されていたことが示された。

3．内容的特徴

懸念（期待）的被透視感を感じた事柄は、"相手に向けた気持ちや感情"、"伝えていない事実"、"現在抱いている気持ちや考え"、"嘘をついたこと"、"性格や特徴"、"第三者に対する気持ちや感情"に分類された。それぞれのカテゴリーに分類された経験の例を Table 5-1、経験の割合を Table 5-2 に示す。懸念的被透視感に関する経験と期待的被透視感に関する経験とを比較すると、懸念的被透視感を感じた事柄には、"伝えていない事実"や"嘘をついたこと"が多くみられた。

対象となる事柄を伝えていなかった理由は、"二人の関係への配慮"、"自己評価低減の回避"、"相手への配慮"、"恥ずかしさ"、"状況からの回避"、"相手との関わりの回避"、"二人の関係上"、"相手の理解への期待"、"その他"に分類された。それぞれのカテゴリーに分類された経験の例を Table 5-3、経験の割合を Table 5-4 に示す。懸念的被透視感に関する経験と期待的被透視感に関する経験とを比較すると、懸念的被透視感には、"自己評価低減の回避"や"二人の関係への配慮"が多くみられた。一方、期待的被透視感には、"相手の理解への期待"や"二人の関係上"が多くみられた。

Table 5-1　懸念（期待）的被透視感を感じた事柄の例

相手に向けた気持ちや感情
・相手に好意を抱いていること
・相手を嫌いだと思っていること

伝えていない事実
・恋人とつき合っていること
・自分とある友人の間に起こった出来事

現在抱いている気持ちや考え
・サークルに参加したくない気持ち
・食事に行こうと誘われた店に自分はあまり行きたくないこと
・入試に受かってうれしかったこと

嘘をついたこと
・聞かれた質問に嘘をついたこと
・昨日の行動について相手に嘘をついたこと

性格や特徴
・社交的ではない性格
・自分に自信がないこと

第三者に対する気持ちや感情
・自分がある人に好意を抱いていること
・先輩を嫌いだと思っていること

Table 5-2　懸念（期待）的被透視感を感じた事柄（%）

	相手に向けた気持ちや感情	伝えていない事実	現在抱いている気持ちや考え
懸念的被透視感	32.3	30.6	11.3
期待的被透視感	48.3	10.3	24.1

	嘘をついたこと	性格や特徴	第三者に対する気持ちや感情
懸念的被透視感	14.5	8.1	3.2
期待的被透視感	0.0	10.3	6.9

Table 5-3 対象となる事柄を伝えていなかった理由の例

二人の関係への配慮
・よい雰囲気を壊したくなかったから
・お互いに接しづらくなるから

自己評価低減の回避
・自分の評価を下げたくないから
・相手がどう受け止めるかが怖かったから

相手への配慮
・仲のいい相手に対して直接言ってはいけないと思ったから
・相手に対して申し訳なかったから

恥ずかしさ
・直接言うのは恥ずかしかったから
・知られると恥ずかしいから

状況からの回避
・休みたかったから
・気づかれたら怒られるから

相手との関わりの回避
・相手を避けたかったから
・自分が関わらないようにするため

二人の関係上
・立場上言い出せなかったから
・自分の立場を考えて

相手の理解への期待
・自分の気持ちをわかってもらいたかったから
・自分とは意見が違うことをわかってほしかったから

Table 5-4 対象となる事柄を伝えていなかった理由（%）

	二人の関係への配慮	自己評価低減の回避	相手への配慮	恥ずかしさ	状況からの回避
懸念的被透視感	32.3	24.2	21.0	9.7	6.5
期待的被透視感	6.9	0.0	10.3	13.8	10.3

	相手との関わりの回避	二人の関係上	相手の理解への期待	その他
懸念的被透視感	3.2	1.6	0.0	1.6
期待的被透視感	10.3	13.8	24.1	10.3

4．状況的特徴

　懸念（期待）的被透視感を感じた相手は、"友人"、"目上の人"、"親"、"恋人"、"立場が同じ人"、"目下の人"、"その他" に分類された。それぞれのカテゴリーに分類された経験の割合を Table 5-5 に示す。懸念的被透視感に関する経験と期待的被透視感に関する経験とを比較すると、両者とも "友人" が多くみられた。

　懸念（期待）的被透視感を感じた根拠は、"相手の反応からの推測"、"自己の反応の知覚"、"わからない"、"その他" に分類された。それぞれのカテゴリーに分類された経験の例を Table 5-6、経験の割合を Table 5-7 に示す。懸念的被透視感に関する経験と期待的被透視感に関する経験とを比較すると、懸念的被透視感には、"相手の反応からの推測" と "自己の反応の知覚" が同じ程度多くみられた。一方、期待的被透視感には、"相手の反応からの推測" は多くみられたものの、"自己の反応の知覚" はほとんどみられなかった。

Table 5-5　懸念（期待）的被透視感を感じた相手（%）

	友人	目上の人	親	恋人	立場が同じ人	目下の人	その他
懸念的被透視感	41.9	19.4	12.9	12.9	6.5	4.8	1.6
期待的被透視感	58.6	17.2	3.4	3.4	17.2	0.0	0.0

Table 5-6　懸念（期待）的被透視感を感じた根拠の例

相手の反応からの推測
・相手の表情や態度を見て
・いつもと違う反応を相手がしてきたから

自己の反応の知覚
・自分の話している内容が嘘くさかったから
・後ろめたい気持ちがあったから

Table 5-7　懸念（期待）的被透視感を感じた根拠（%）

	相手の反応からの推測	自己の反応の知覚	わからない	その他
懸念的被透視感	50.0	37.1	6.5	6.5
期待的被透視感	75.9	3.4	17.2	3.4

5. 反応

　懸念（期待）的被透視感によって生起させた反応は、"反応の統制の試み"、"話題からの回避"、"否定"、"取り繕いの表情の表出"、"話題への関与"、"言い訳"、"反応なし"に分類された。それぞれのカテゴリーに分類された経験の例を Table 5-8、経験の割合を Table 5-9 に示す。懸念的被透視感に関する経験と期待的被透視感に関する経験を比較すると、懸念的被透視感では、多くの場合で反応が生起していた。一方、期待的被透視感には、"反

Table 5-8　懸念（期待）的被透視感によって生起させた反応の例

反応の統制の試み
・何とか隠そうとした
・気にしていないふりをした

話題からの回避
・話をすぐに変えた
・相手の気分をよくさせるようなことを言った

否定
・その内容について否定するような発言をした
・否定ぎみに流した

取り繕いの表情の表出
・取り繕った笑顔をした
・照れ隠しの表情をした

話題への関与
・気づかれた内容を認める発言をした
・相手の希望を自分も希望していることを強調した

言い訳
・本当のことを言って言い訳した

Table 5-9　懸念（期待）的被透視感によって生起させた反応 (%)

	反応の統制の試み	話題からの回避	否定	取り繕いの表情の表出
懸念的被透視感	29.0	16.1	8.1	6.5
期待的被透視感	3.4	3.4	3.4	3.4

	話題への関与	言い訳	反応なし
懸念的被透視感	4.8	4.8	30.6
期待的被透視感	6.9	0.0	79.3

応なし"が多くみられた。

また、懸念的被透視感によって生起させた反応に関して、反応に影響を与えると想定される、気づかれたくない意識の高さ（第3章第2節）との関係を探索的に検討した。懸念的被透視感を感じた経験のうち、気づかれたくないと思っていた程度について、"かなり"と"非常に"と回答された経験（34場面）を気づかれたくない意識高群、"あまり"と"やや"と回答された経験（28場面）を気づかれたくない意識低群とした。それぞれのカテゴリーに分類された経験の割合を Table 5-10 に示す。気づかれたくない意識高群と低群とを比較すると、高群の方が低群よりも、"話題からの回避"や"否定"といった、話題を避けようとする反応が生起していることが多かった。

Table 5-10 気づかれたくない意識の高低による懸念的被透視感によって生起させた反応（%）

	反応の統制の試み	話題からの回避	否定	取り繕いの表情の表出
気づかれたくない意識高	32.3	20.6	11.8	2.9
気づかれたくない意識低	25.0	10.7	3.6	10.7

	話題への関与	言い訳	反応なし
気づかれたくない意識高	2.9	2.9	26.5
気づかれたくない意識低	7.1	7.1	35.7

第4項　考察

研究1の目的は、懸念的被透視感が生じる状況の特徴について検討することであった。そして、内容的特徴、状況的特徴、反応に着目して検討を行った。以下、得られた結果について整理、考察する。

1．懸念的被透視感を感じた経験

面接調査を実施した結果、すべての調査対象者から、懸念的被透視感を感じた経験が想起された。予備調査の結果と併せると、懸念的被透視感は日常の対人コミュニケーションでしばしば生じていると考えられる。加えて、懸

念的被透視感を感じた経験の方が期待的被透視感を感じた経験よりも多く想起されたことから、懸念的被透視感の方が期待的被透視感よりも生じやすいと想定される。

2．内容的特徴

懸念的被透視感を感じた事柄については、"相手に向けた気持ちや感情"のように、期待的被透視感と共通している事柄がある一方で、"嘘をついたこと"や"伝えていない事実"のように、懸念的被透視感に特徴的な事柄があることが明らかとなった。また、"性格や特徴"など、個人の特性に関わることに対しても、懸念的被透視感が感じられていることが示された。懸念的被透視感を感じた事柄と類似点がある、秘密にされる事柄（Norton, Feldman, & Tafoya, 1974; Kelly, Klusas, von Weiss, & Kenny, 2001）と対比させると、懸念的被透視感を感じた事柄には、秘密にされる事柄に多い、性に関する事柄があまりみられないことが特徴として挙げられる。この理由の一つとしては、相手との相互作用において、性に関する事柄が意識されにくいことが考えられる。したがって、懸念的被透視感が生じる事柄は、相手との相互作用で意識されやすい事柄であると推察される。

対象となる事柄を伝えていなかった理由については、懸念的被透視感に関する経験では、相手や関係に対する配慮といった他者配慮的な理由と、自己評価の維持や困難の回避といった自己利益的な理由があることが示された。これらの理由は、内面の被知覚の意識が生じる理由に関する議論（第1章第2節）と対応する。したがって、対象となる事柄を伝えていなかった理由、すなわち、内面を気づかれたくない理由は、自己利益的な理由と他者配慮的な理由の二つに大別されると考えられる。また、制御理論（Carver, 1979; Carver & Scheier, 1981, 1998）に関する議論では、内面を気づかれたくない理由が、反応の際の指針となると想定された（第3章第2節）。したがって、内面を気づかれたくない理由が自己利益的な理由のときと、他者配慮的な理由のときとでは、懸念的被透視感による反応が異なると予測される。この点については、研究5で詳細に検討する。

3．状況的特徴

　懸念的被透視感を感じる相手については、友人が多いことが示された。これは友人と相互作用する機会が多いためであると考えられる。

　懸念的被透視感を感じた根拠については、以下の二点が示された。第一に、ほとんどの場合に具体的な理由が挙げられていることから、懸念的被透視感は、何らかの根拠が知覚された上で感じられていることが示唆された点である。この点は、内面的な事柄が漏れ出てしまう際の根拠が明確でない自我漏洩感と、懸念的被透視感との相違点を示すものであると考えられる。第二に、懸念的被透視感を感じた根拠は、"相手の反応からの推測"と"自己の反応の知覚"に大別される点である。"自己の反応の知覚"という根拠は、期待的被透視感にはほとんどみられていないことから、懸念的被透視感に特徴的な根拠であると考えられる。

4．反応

　懸念的被透視感に関する経験では、期待的被透視感に関する経験と比べると、多くの場合で何らかの反応が生起していることが示された。この結果から、懸念的被透視感によって、反応が生起しやすいと考えられる。また、気づかれたくない意識が高いと、話題を避けようとする反応が生起しやすい可能性を示唆する結果も得られた。この結果は、制御理論（Carver, 1979; Carver & Scheier, 1981, 1998）に基づく想定（第3章第2節）と整合する。

　懸念的被透視感による反応については、大別すると二種類に分類できることが示された。一つは、"反応の統制の試み"といった、言語内容以外の反応、すなわち、非言語的反応を調整する反応である。もう一つは、"話題からの回避"、"否定"といった、言語内容を調整する反応である。したがって、懸念的被透視感によって、状況に応じた振る舞いが生起しやすいと考えられる。

5．懸念的被透視感と期待的被透視感の違い

　研究1では、懸念的被透視感が生じる状況の特徴を検討するために、期待的被透視感が感じられている状況の特徴を併せて検討し、両者を対比した。得られた結果から、期待的被透視感が生じる状況の特徴としては、伝えてい

なかった理由として"相手の理解への期待"といった理由がみられることや、期待的被透視感を感じた根拠には、"自己の反応の知覚"はほとんどみられないことが明らかとなった。これらの特徴は、懸念的被透視感が生じる状況の特徴とは異なるものである。したがって、懸念的被透視感と期待的被透視感では、その感覚が生じるメカニズムが異なる可能性が考えられる。

第2節　本章のまとめ

　本章では、懸念的被透視感が生じる状況の特徴を明らかにすることを目的とした。そして、内容的特徴として、懸念的被透視感を感じた事柄、その事柄を伝えていなかった理由に、状況的特徴として、相手、懸念的被透視感を感じた根拠に着目した。併せて、懸念的被透視感による反応についても検討した。

　得られた結果から、懸念的被透視感は、日常の対人コミュニケーションで一般的に経験されている感覚であることが示唆された。また、本章で明らかにされた懸念的被透視感の主な特徴は、以下の四点にまとめられる。第一に、相互作用において意識される事柄について懸念的被透視感が生じる点である。第二に、伝えていない理由には自己利益的な理由と、他者配慮的な理由がある点である。第三に、相手の反応からの推測や、自己の反応の知覚によって懸念的被透視感が生じる点である。第四に、懸念的被透視感によって状況に応じた振る舞いが生起しやすい点である。研究1で明らかになった、懸念的被透視感が生じる状況の特徴を踏まえ、本研究の三つの検討点について検討していく。

注
1　研究1は、太幡・吉田（2008）において発表されている。
2　予備調査は、Tabata（2010）の一部として実施した。
3　調査で用いたその他の質問項目については割愛する。

第6章

懸念的被透視感の強さを規定する要因

第1節　被透視感と自己への注意との関係［研究2］[1]

第1項　問題

　研究1の結果から、懸念的被透視感を感じる根拠には、自己の反応の知覚という自己に関する要因と、相手の反応からの推測という他者に関する要因の二つがあることが示唆された。このことから、懸念的被透視感の強さを規定する要因にも、自己に関する要因と他者に関する要因があると想定される。

　研究2では、懸念的被透視感の上位概念である被透視感に着目し、被透視感の強さを規定する要因として、自己への注意の要因を検討することを目的とする。すなわち、被透視感の強さと自己への注意との関係を検討し、懸念的被透視感と自己への注意との関係を推定する。これまでの研究において、自己に注意を向けることによって、自己知識が活性化し（e.g., Carver & Scheier, 1981, 1998）、活性化した自己知識に基づいた判断が行われやすくなることが明らかにされている。例えば、Duval & Wicklund（1973）は、自己に注意を向けると、出来事の原因を自己に帰属しやすくなることを示した。したがって、自己に注意を向けることにより自己知識が活性化すると、相手に示した自己の行動や相手の反応に関する情報が、自己の内面にある事柄と関連づけて処理されやすくなると考えられる。

　内面の被知覚と自己への注意との関連は、いくつかの研究で検討されてい

る。Vorauer & Ross（1999）は、自己の特徴が表れにくい行動のサンプルからであっても、自己に注意を向けやすい特徴を持つ自己意識特性（Fenigstein, Scheier, & Buss, 1975）の高い者は低い者と比べ、自分のとった行動から見抜かれてしまうと思う特性の数を多く評定することを示した。この研究では、直接伝えていない特性が相手に気づかれる程度に推測するように求める点で、被透視感と類似した概念が扱われていると考えられる。また、Gilovich et al. (1998) は、透明性の錯覚を検討した中で、自己への注意について部分的に検討している。そして、推測された内面の被知覚の程度は、自己の思考や態度などの私的側面への注意の向けやすさである私的自己意識特性とは正の相関がみられるものの、自己の外見などの公的側面への注意の向けやすさである公的自己意識特性とは有意な相関がみられないことを示した。Gilovich et al. (1998) の知見から、懸念的被透視感と自己への注意との関係については、以下のように予測される。すなわち、自己の私的側面への注意は、自己の内面の知識の活性化をもたらすため、被透視感の強さとは正の関係がみられると予測される。一方、自己の公的側面への注意は、自己の内面の知識の活性化をもたらさないため、被透視感の強さとは関係はみられないと予測される。

　また、被透視感の強さとの関連が想定される自己に関する要因として、他者の視点から自己を見るという認知的行為である、視点取得（perspective taking）についても併せて検討する。視点取得によって、自己を客観的に判断する機会を持つことができると考えられる（Davis, 1983）。例えば、Albright & Malloy（1999）は、映像による自己観察の機会が、他者から見られる自己像の知覚である、メタ知覚の正確さを高めたことを示した。この知見から、視点取得と被透視感の強さには負の関係がみられると予測される。また、自己の私的側面に注意を向けることとの関係を考えると、視点取得によって他者の視点を考慮した判断することが可能となるため、自己知識が活性化しやすくても被透視感を強く感じないと予測される。

　研究2では、自己への注意の向けやすさである自己意識特性、他者の視点から自己を見るという認知的行為の行いやすさである視点取得特性に着目して検討する。そして、Vorauer & Ross（1999）の方法に基づき、調査対象者

が対人関係の葛藤課題に答え、その回答パターンを調査者に見られる状況を設定することで、調査対象者と調査者が相互作用する状況を設定する。なお、内面として、自己の経験に関する個人的情報を扱い、質問紙調査の形式で検討する。そのため、内面について、調査対象者に気づかれたくないという意識を喚起していない。したがって、研究2では、懸念的被透視感の上位概念である被透視感（第2章第1節）を扱ったものとする。すなわち、対人関係の葛藤課題への回答パターンを手がかりとして、調査者に内面が見抜かれてしまうと感じる程度を被透視感と操作的に定義する。

第2項　方法

1．調査対象者

大学生160名を対象に、質問紙調査の形式で授業中に一斉に実施した。そのうち、回答に不備のある者8名を除き、152名（男性60名、女性92名、平均年齢18.95歳（$SD=1.42$））を分析対象とした。

2．手続き

調査協力者（23歳、女性）が、調査対象者に"大学の雰囲気による大学生の意識の違い"に関する質問紙を配付した。調査協力者は自分の専攻を伝えなかった。また、この後にもう一人、調査を実施するので一緒に回収することを伝え、もう一つの質問紙が入った封筒も配付した。調査協力者の調査として、対人関係の葛藤課題に、解決方法を四つの選択肢の中から一つ選択する形式で、制限時間内（5分間）に回答するように求めた。葛藤場面はVorauer & Ross（1999）を基に、雇用者場面、約束場面、恋愛場面を設定し、それぞれについて回答するように求めた。対人関係の葛藤課題の例をTable 6-1に示す。順序効果を考慮して、葛藤課題の回答順序を変えた6通りの質問紙を用意した。大学生20名（男性10名、女性10名）を対象にした予備調査において、ほとんどの人が四つの選択肢のうちの二つから解決方法を選択することが確認されていた[2]。回答終了後、質問紙を封筒の中にしまい、封筒の中にあるもう一つの質問紙を出すように求めた。

第Ⅱ部　実証的研究

Table 6-1　対人関係の葛藤課題の例（恋愛場面）

あなたにはずっと前から付き合っている恋人がいます。その恋人とは時にはケンカもしましたが、今ではお互いのことをよく理解しあっています。あなたはこのまま交際を続けていつかはその恋人と結婚したいと考えるようになりました。先日、その恋人を家に呼んで両親に紹介しました。恋人が帰った後両親に印象はどうだったかを聞いたところ、恋人の学歴を理由に交際を反対されてしまいました。あなたの両親はあなたが小さいころから、あなたのしつけや成績のことにとても厳しく、今までにもあなたの友人関係などにうるさく干渉してきました。さてあなたはその恋人とこれからどうしますか。

〈回答の選択肢〉
・その恋人とは別れるだろう
・恋人の良い所をわかってもらえるよう両親を説得し、交際を認めてもらえるようにがんばるだろう（○）
・両親には恋人とは別れたと嘘をついて付き合い続けるだろう
・両親の言うことなど気にせずに付き合い続けるだろう（○）

注）予備調査において、○がついている選択肢が常識的な解決方法とされた。

　続いて、もう一人の調査者（23歳、男性）が、"大学生の対人的態度に関する調査"を行うと教示し、もう一つの質問紙に回答するように求めた。そして、調査協力者に対して、自分の人間関係の葛藤課題の回答パターンから、自分の個人的情報をどの程度気づかれてしまったと思うか（被透視感）に回答するように求めた[3]。併せて、性格特性についても回答するように求めた。調査協力者に対する被透視感を質問する手続きに調査対象者が違和感を覚えないように配慮して、先ほどの調査者と事前に打ち合わせを行って質問内容を決定した旨を伝えた。その際、調査協力者はもう一人の調査者の横に立っていた。回答終了後、質問紙を封筒の中に入れるように告げた後に、その場で封筒ごと回収した。

3．測度

　用いた測度は以下の通りであった。
　(a) 被透視感："先ほどの場面の解決方法を見た大学院生があなたの個人的情報をどの程度見抜いてしまうと思うか"と教示し、個人的情報への被透視感（12項目）に回答するように求めた。評定の選択肢は、"1．全く見抜かれない"、"2．ほんの少し見抜かれてしまうかもしれない"、"3．やや見

抜かれてしまう"、"4．かなり見抜かれてしまう"、"5．ほとんど見抜かれてしまう"の5件法とした。具体的な項目は、Table 6-2 に示す。項目作成にあたり、予備調査を実施した。まず、嶋田・佐藤 (1999) の自己開示尺度の内容の中から、人間関係における葛藤場面に関連が深いと思われる"人生・生きがい"因子、"家族・生活"因子、"異性を中心とした人間関係"因子の中の項目から、表現を適宜変えて16項目を作成した。次に、大学生15名（男性7名、女性8名）に対して、先行課題の対人関係の葛藤課題に回答するように求めた。続いて、回答結果を見た他者に対してそれぞれの個人的情報が見抜かれる可能性がどのくらいあるかについて、"1．全く当てはまらない"、"2．あまり当てはまらない"、"3．どちらともいえない"、"4．やや当てはまる"、"5．非常に当てはまる"の5件法で回答するように求めた（以下、研究2の5件法尺度の選択肢は同一である）。そして、見抜かれる可能性評定の平均値が2.00以下の4項目を除外して、残りの12項目を用いた。

　(b) 性格特性：私的自己意識、公的自己意識、視点取得に回答するように求めた。私的自己意識と公的自己意識は、自己意識尺度（中村, 2000）の私的自己意識項目（"いつも自分のことを理解しようと努めている"などの10項目）と、公的自己意識項目（"自分の立ち居振る舞いが気になる"などの7項目）で測定した。視点取得は、多次元共感測定尺度（桜井, 1988）の視点取得項目（"何かを決定するときには、自分と反対の意見を持つ人たちの立場に立って考えてみる"などの7項目）で測定した。それぞれの尺度に、5件法で回答するように求めた。

第3項　結果

1．性格特性に関する尺度の信頼性

　独立変数を設定するために使用した尺度の信頼性については、私的自己意識は $\alpha=.83$、公的自己意識は $\alpha=.84$、視点取得は $\alpha=.73$ であった。私的自己意識と公的自己意識には有意な正の相関がみられた（$r=.31, p<.001$）。また、視点取得は私的自己意識と有意な正の相関がみられたものの（$r=.29, p<.001$）、公的自己意識とは有意な相関はみられなかった（$r=.12, ns$）。それぞれの尺度について、項目を合計した得点は、私的自己意識は $M=36.85$（$SD=6.79$,

$Md=37$, $Min=15$, $Max=50$)、公的自己意識は $M=27.50$ ($SD=5.23$, $Md=28$, $Min=9$, $Max=35$)、視点取得は $M=24.21$ ($SD=4.50$, $Md=24$, $Min=14$, $Max=35$) であった。それぞれの尺度の平均値よりも高い調査対象者を高群、低い調査対象者を低群として群分けした。

2．被透視感の強さ

個人的情報の 12 項目の被透視感得点を Table 6−2 に示す。12 項目の平均点を算出したところ、$M=2.26$ ($SD=0.67$) であった。この値は、"2．ほんの少し見抜かれてしまうかもしれない"と、"3．やや見抜かれてしまう"の間であった。また、それぞれの項目の平均値は 2 項目を除いて 2.00 を超え

Table 6−2　個人的情報への被透視感の平均値（標準偏差）

目標としている生き方	2.02 (0.95)
自分の健康	1.53 (0.96)
同性の友人との関係	2.82 (1.07)
よりどころにしている価値観	2.64 (1.15)
過去の恋愛経験	2.13 (1.09)
自分の生い立ち	2.27 (1.07)
興味を持って勉強していること	1.51 (0.71)
自分の生活スタイル	2.24 (1.03)
先輩との関係	2.28 (1.09)
人生における仕事の位置づけ	2.30 (1.09)
異性の友人との関係	2.18 (1.04)
親に対する気持ち	3.18 (1.08)
個人的情報全体	2.26 (0.67)

ていた。したがって、調査対象者はある程度の被透視感を感じていたことが確認された。また、主成分分析を行ったところ、すべての項目の第一主成分に対する負荷量の絶対値が.59以上であったため、1次元構造であると解釈した。信頼性係数は、$\alpha=.87$ であった。12項目を合算して項目数で除算した得点を被透視感得点とした。なお、被透視感得点に性差がある可能性を考慮して、被透視感得点について男女差を比較したものの、有意差はみられなかった（$t(150)=1.28$, ns）。

3．被透視感と性格特性との関係

被透視感と性格特性のそれぞれの尺度得点との相関係数を Table 6-3 に示す。私的自己意識と公的自己意識、私的自己意識と視点取得には有意な相関がみられたことから、被透視感とそれぞれの性格特性との関係を調べる際には、有意な相関がみられた性格特性を統制変数とした偏相関係数を算出した。公的自己意識と視点取得を統制変数として、被透視感と私的自己意識の偏相関係数を求めたところ、有意な相関はみられなかった（$r_p=.15$, $p>.07$）[4]。また、私的自己意識を統制変数として、被透視感と公的自己意識の偏相関係数を求めたところ、有意な相関はみられなかった（$r_p=.12$, ns）。さらに、私的自己意識を統制変数として、被透視感と視点取得の偏相関係数を求めたところ、有意な相関はみられなかった（$r_p=-.08$, ns）。

続いて、被透視感得点を従属変数として、私的自己意識（高・低）×公的自己意識（高・低）×視点取得（高・低）の実験参加者間3要因の分散分析を行った。要因の組み合わせによる被透視感の強さを Table 6-4 に示す。その結果、私的自己意識と公的自己意識の交互作用のみが有意であった（F(1,

Table 6-3　被透視感と性格特性との相関係数（$N=152$）

	私的自己意識	公的自己意識	視点取得
被透視感	.17*	.15	-.03
私的自己意識	—	.31***	.29***
公的自己意識		—	.12
視点取得			—

*$p<.05$, ***$p<.001$.

Table 6-4　要因の組み合わせによる被透視感の強さの平均値（標準偏差）

		私的自己意識高		私的自己意識低		
		公的自己意識		公的自己意識		
		高	低	高	低	全体
視点取得高	M	2.39	2.12	1.90	2.26	2.21
	(SD)	(0.65)	(0.64)	(0.62)	(0.73)	(0.67)
	n	32	14	16	13	75
視点取得低	M	2.62	2.11	2.30	2.19	2.31
	(SD)	(0.59)	(0.73)	(0.43)	(0.74)	(0.66)
	n	19	15	16	27	77
全体	M	2.48	2.11	2.10	2.22	2.26
	(SD)	(0.63)	(0.68)	(0.56)	(0.73)	(0.67)
	n	51	29	32	40	152

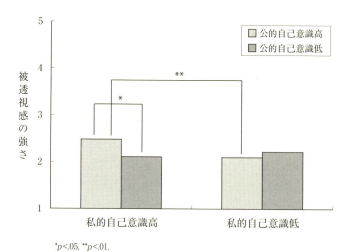

$^*p<.05.\ ^{**}p<.01.$

Figure 6-1　要因の組み合わせによる被透視感の強さ

144)=5.59, $p<.05$)。また、視点取得の絡む主効果や交互作用はみられなかった。

　視点取得の主効果・交互作用が有意ではなかったために、被透視感得点を従属変数として、私的自己意識（高・低）×公的自己意識（高・低）の実験参加者間2要因の分散分析を行った（Figure 6-1）。その結果、私的自己意識と公的自己意識の交互作用のみが有意であった（$F(1, 148)=4.92, p<.05$）。交互作

用について単純主効果検定を行ったところ、公的自己意識高群では私的自己意識の違いで有意な差がみられ（$F(1, 148)=6.51, p<.01$）、私的自己意識高群は低群よりも被透視感を強く感じていた。また、私的自己意識高群では公的自己意識の違いで有意な差がみられ（$F(1, 148)=5.73, p<.05$）、公的自己意識高群は低群よりも被透視感を強く感じていた。以上のことから、公的自己意識と私的自己意識がともに高い者が被透視感を最も強く感じていることが示された。

第4項　考察

　研究2の目的は、懸念的被透視感の上位概念である被透視感に着目し、被透視感の強さを規定する要因として、自己への注意の要因を検討することであった。以下、得られた結果について整理、考察する。

1．被透視感と自己意識との関係

　被透視感と自己意識との関係については、自己の私的側面への注意の向きやすさは個人的情報に関する被透視感と正の関係がみられるものの、自己の公的側面への注意の向きやすさは個人的情報に関する被透視感とは関係がみられないと予測した。結果は、私的自己意識、公的自己意識とも、被透視感には有意な関係はみられなかった。しかし、私的自己意識と公的自己意識に交互作用がみられ、私的自己意識と公的自己意識がともに高い者の被透視感が最も強いという結果が得られた。以上の結果から、懸念的被透視感は、気づかれたくない事柄に注意を向け、また、他者に見られている自己の振る舞いに注意を向けたときに強まると解釈される。

　被透視感の強さと自己の私的側面への注意と正の関係がみられたという結果は、推測された内面の被知覚の程度が私的自己意識特性とは正の相関がみられた、Gilovich et al.（1998）の結果と整合する[5]。一方、被透視感の強さと自己の公的側面への注意と正の関係がみられたという結果は、推測された内面の被知覚の程度が公的自己意識特性とは有意な相関はみられなかった、Gilovich et al.（1998）の結果とは異なる。

　被透視感の強さと自己の公的側面への注意と正の関係がみられた理由と

しては、以下の三つの可能性が考えられる。第一に、内的経験の性質が影響した可能性である。Gilovich et al. (1998) では、実験参加者に対して嘘をつかせて内的経験を生じさせていた。一方、研究2では、個人的経験という、他者からの働きかけで生じたものではなく、自己に関わる内発的な性質の内面を扱った。個人的情報のような、自己に関わる内発的な性質の内面への被透視感には、自己の公的側面への注意の向けやすさが関係している可能性が考えられる。第二に、内的経験のインパクトが影響した可能性である。Gilovich et al. (1998) では、実験参加者に嘘をつかせた状況であり、実験参加者に内面（嘘をついていること）を強く意識させていたと推察される。一方、研究2で扱った個人的情報は、状況下で与えられた刺激により経験していたものではなかったため、実験参加者に強く意識させていなかったと推察される。状況下での内的経験のインパクトが弱かったため、被透視感と自己の公的側面への注意の向けやすさに関係がみられた可能性が考えられる[6]。第三に、内面の被知覚の程度を推測する際の、手がかりの明確性の違いが影響した可能性が考えられる。Gilovich et al. (1998) では、実験参加者に対し、一連の行動を見ることになる他者への内面の被知覚の程度に評定するように求められていたため、実験参加者にとっては推測する際の手がかりが曖昧であったと考えられる。一方、研究2では、調査対象者に調査協力者に示した自己の行動（葛藤課題への回答）を手がかりとした上で被透視感の程度に評定するように求めていたため、調査対象者にとっては他者に示した手がかりが明確であったと考えられる。その結果、他者に見られる自己の側面への注意である公的自己意識の強さと、被透視感の強さに関係がみられた可能性が考えられる。

2. 被透視感と視点取得との関係

被透視感と視点取得には関係はみられなかった[7]。得られた結果からは、他者の視点から自己を見るという認知的行為は、懸念的被透視感の強さには関係はみられないと解釈される。

被透視感と視点取得との関係がみられなかった理由としては、以下の二つの可能性が考えられる。一つは、実験参加者の視点取得が相手の能力を考慮

してなされていたことが結果に影響した可能性である。研究2では、内面を透視する相手である調査協力者は、大学生の意識に関する研究を実施する者であったことから、調査対象者が調査協力者の内面に気づく能力を高く認知したと推察される。そして、視点取得特性の高い調査対象者が、相手の内面に気づく能力を考慮しやすかったため、被透視感の強さについて自他の違いを考慮する効果が相殺された可能性が考えられる。認知された相手の能力が懸念的被透視感の強さに与える影響については、研究3で検討する。もう一つの可能性は、個人的情報が個別性のあるものとして認識され、他者の視点を取得しなくても個人的情報が気づかれる可能性が低く推測されたことが影響した可能性である。研究2では、懸念的被透視感の評定値が高い値ではなかったことから、個人的情報が個別性の高いものとして調査対象者に認識されていたと推察される。そのため、被透視感に対する視点取得の影響力が弱められた可能性が考えられる。

第2節　懸念的被透視感と認知された相手の能力との関係
[研究3][8]

第1項　問題

　研究3では、懸念的被透視感の強さを規定する他者に関する要因として、懸念的被透視感と認知された相手の能力との関係について検討することを目的とする。これまでの研究において、認知された相手の能力はその後の情報処理に影響を与えることが示されてきた。例えば、Kelley (1950) は、ターゲット人物に対する、"あたたかい"、"つめたい"といった先行情報が、その後のターゲット人物に対する印象形成に影響を与えたことを示した。また、Ikegami (1989) は、先行情報と一致するターゲット人物の印象は一致しない印象と比べ、想起されやすいことを示した。したがって、認知された相手の能力は、懸念的被透視感の強さにも影響を与えると推測される。すなわち、相互作用する相手を自己の内面に気づく能力が高いと認知した者は、そのよ

うに認知しなかった者と比べ、懸念的被透視感を強く感じると予測される。

　研究3では、相手が人間関係に興味があると認知することを、相手が内面を見抜く能力が高いと認知することと捉えて検討する。具体的には、実験参加者に重要とされる能力が低いというフィードバックを与え、そのことを知らないはずの相手（実験協力者）と相互作用する状況を設定する。実験条件として、相互作用において実験協力者が自己紹介をする際に、人間関係への興味を言及するか否かを操作する。そして、事前に低いとフィードバックを与えた能力に対する懸念的被透視感を測定し、条件間で比較する。

第2項　方法

1．実験参加者

　状況が課題の成果に与える影響の実験を実施していると告知し、依頼に応じた大学生32名に個別に実験を実施した。実験参加者は、事前に実験協力者と面識がないことが確認された。そのうち、ネガティブなフィードバックを受けた事柄について、気づかれたくないと全く思っていなかった2名を除いた、30名（男性11名、女性19名、平均年齢20.09歳（$SD=1.71$））を分析対象とした。

2．実験計画

　相手の人間関係への興味の言及（あり、なし）の実験参加者間1要因計画であった。言及あり条件では、自己紹介の際に、実験協力者が、実験参加者に対し、人間関係に興味があることを説明した。言及なし条件では、人間関係に興味があることは伝えられなかった。分析対象とされた実験参加者は、それぞれの条件に15名ずつ配置されていた。

　自己紹介の内容を決定するために、大学生10名（男性5名、女性5名）に予備調査を実施した。"学校で勉強していること"、"サークル"、"バイト"、"趣味"、"最近思っていること"について質問されたとき、人間関係に興味の高い大学生と興味の低い大学生はどのように答えると思うかについて自由に記述するように求めた。記述された内容から自己紹介の内容を決定した。

言及あり条件では、以下のように自己紹介を行った。"私は、人と人とがどのようにして関わっていくのかに興味があり、大学では他者の第一印象による印象判断の正確さについて興味を持って勉強しています。サークルはボランティアサークルに所属しています。アルバイトは家庭教師をしています。趣味は読書です。最近は、友人関係のことについて考えています"。一方、言及なし条件では、以下のように自己紹介を行った。"私は、グループの議論に興味があり、大学では集団の話し合いが効率よく終わる方法について興味を持って勉強しています。サークルはテニスサークルに所属しています。アルバイトはコンビニで働いています。趣味は音楽鑑賞です。最近は、お金が欲しいと感じています"。

3．手続き

実験手続きを Figure 6-2 に示す。実験室に来た実験参加者に対し、実験

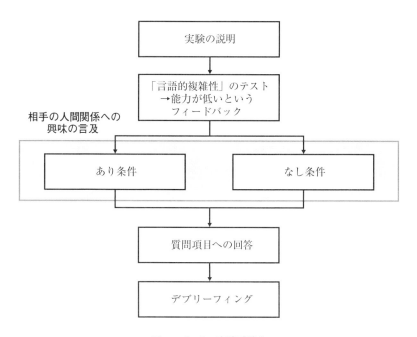

Figure 6-2　実験手続き

協力者（24歳、男性）は、この実験は指導を受けている教授に依頼されたものであるために詳しい目的を知らないこと、実験参加者のデータを見ないで回収するようになっていることを説明した。その上で、実験協力者が代理に実験を実施することについて了解を得た。

　続いて、課題として"言語的複雑性"（架空の概念）に関する課題を扱うことを伝えた。"言語的複雑性"については、"言語を多面的に理解し、使いこなすための能力で、文章の読解力、創造性、言語的判断力と関係するために、日常生活において重要な能力である"と教示した。次に、実際の課題に取り組む前に、練習のために去年の課題に解答するように告げた。課題は独自に作成したアナグラム課題（独自作成の50題）であった。実験参加者には、なるべく早く解答するように求め、30題解答できた時点で合図するように告げた。課題終了後、ストップウォッチを手渡し、課題の遂行時間を確認するように告げた。ストップウォッチには4分38秒が表示されていた[9]。そして、実験参加者に封筒を手渡し、解答用紙と去年の結果の紙が封筒の中に入っているので開けて成績を確認すること、採点終了後は解答用紙を含めてすべての用紙を封筒の中にしまうことを告げた。実験協力者は廊下で待機しているので、封筒の中にすべての用紙を入れた後で声をかけるように告げ、退室した。去年の結果の紙には、176名の平均タイムは3分53秒であり、4分38秒は下から10番目にあたることが示されていた。これは、課題の結果にネガティブなフィードバックを与える手続きであった。

　実験参加者からの合図があった後、実験協力者はすべての用紙が封筒の中に入っていることを確認し、再入室した。再入室後、実験参加者が実験状況に慣れるために実験協力者と互いに自己紹介をすることになっている旨を告げ、自己紹介の用紙を渡して記入するように求めた。実験協力者は、実験参加者が記入するのが終わったことを確認してから、最初に、実験参加者に、記入した自己紹介を読み上げるように求めた。続いて、実験協力者がその場で記入した自己紹介を読み上げた。実験協力者の自己紹介の内容によって実験条件を操作した[10]。続いて、実験参加者に実際の課題を始める前の気持ちについて答えてもらうと告げ、懸念的被透視感に関する測度を含む質問紙に回答するように求めた。回答終了後、自己紹介の記入用紙と質問紙を手元に

ある封筒の中に入れるように求めた。

その後、実際の課題は行わないことを伝え、カバーストーリーを用いた理由についてデブリーフィングを行った。特に、"言語的複雑性"の能力に対するネガティブフィードバックを打ち消すための説明を入念に行った[11]。実験参加者がカバーストーリーを用いた理由を理解したことを確認した上で、退室するように求めた。所要時間は約30分であった。

4．測度

用いた測度は以下の通りであった。

（a）操作チェック：実験協力者の人間関係への興味の操作の有効性の確認のために、実験協力者の人間関係への興味に関する印象として、"他者判断の感受性がすぐれている"、"他人への関心が強い"、"人間関係に敏感である"の3項目に、"1．全く当てはまらない"、"2．あまり当てはまらない"、"3．どちらともいえない"、"4．やや当てはまる"、"5．非常に当てはまる"の5件法で回答するように求めた（以下、5件法尺度の選択肢は同一である）。また、人間関係への興味以外に実験協力者の印象に差がないことの確認のために、"積極的な"、"感じのよい"、"社交的な"、"責任感のある"、"親しみやすい"、"意欲的な"、"自信がある"、"好意を持てる"の8項目に、併せて5件法で回答するように求めた。その他、"言語的複雑性"が低いことを気づかれたくないという意識が喚起されていることの確認のために、課題の能力を気づかれたくない意識についての項目（"課題に対する自分の本当の能力を気づかれたくないと思う"）に、5件法で回答するように求めた。この項目に、"1．全く当てはまらない"と評定した2名を分析から除外した。

（b）懸念的被透視感："自分の課題に対する能力"、"自分の言語的複雑性に対する能力"の2項目に、"実験を説明する人に対して、どれだけ見抜かれていると思いますか"と質問し、回答するように求めた。評定の選択肢は、研究2と同様、"1．全く見抜かれていない"、"2．ほんの少し見抜かれているかもしれない"、"3．やや見抜かれている"、"4．かなり見抜かれている"、"5．ほとんど見抜かれている"の5件法とした。

第3項　結果

1．操作チェック

　実験協力者の人間関係に対する興味の認知に関する3項目について主成分分析を行った。すべての項目の第一主成分に対する負荷量の絶対値が.75以上であったため、1次元構造であると解釈された。信頼性係数は、$\alpha=.66$であった。そこで、3項目を合算して項目数で除算した得点を、人間関係に対する興味の認知得点とした。実験条件ごとの平均値をTable 6-5に示す。実験協力者の人間関係への興味の言及の要因で得点を比較したところ、言及あり条件（$M=3.62, SD=0.60$）の方が興味なし条件（$M=3.11, SD=0.54$）よりも、実験協力者を人間関係に興味があると認知していた（$t(28)=2.44, p<.05$）。また、それぞれの条件の人間関係に対する興味の認知得点について、理論的中間点（3点）と比較したところ、言及あり条件では理論的中間点よりも有意

Table 6-5　実験条件ごとの実験協力者の印象に関する項目の平均値（標準偏差）と t 値

	相手の人間関係への興味の言及		t 値
	あり	なし	
人間関係への興味	3.62 (0.60)	3.11 (0.54)	2.44*
積極的な	3.20 (1.08)	3.40 (0.74)	0.59
感じのよい	3.47 (0.64)	3.27 (0.59)	0.89
社交的な	2.80 (1.01)	2.67 (0.72)	0.41
責任感のある	3.80 (0.94)	3.80 (0.68)	0.00
親しみやすい	2.87 (0.64)	2.80 (0.68)	0.28
意欲的な	3.67 (0.98)	3.53 (0.52)	0.48
自信がある	3.00 (0.85)	2.87 (0.74)	0.46
好意を持てる	3.27 (0.59)	3.07 (0.70)	0.84

*$p<.05$.

に得点が高かったものの（$t(14)=4.00, p<.01$）、言及なし条件では理論的中間点との差が有意ではなかった（$t(14)=0.79, ns$）。したがって、実験協力者の人間関係への興味の操作が有効であったことが確認された。また、実験協力者の人間関係への興味の操作が他の印象に影響していないことを確認するために、実験協力者の印象の人間関係に対する興味以外の8項目について、それぞれの項目を実験協力者の人間関係への興味の言及の要因で比較した。実験条件ごとの平均値を Table 6-5 に示す。しかし、いずれの項目にも有意な差はみられなかった。したがって、実験協力者の人間関係への興味の操作が他の印象に影響していなかったことが確認された。

"言語的複雑性"が低いことを気づかれたくないという意識得点については、$M=3.30$（$SD=0.93$）であった。理論的中間点（3点）と比較したところ、有意傾向がみられた（$t(29)=1.78, p<.10$）。したがって、"言語的複雑性"が低いことを気づかれたくないという意識はある程度喚起されていたと解釈される。なお、実験協力者の人間関係への興味の言及の要因で得点に差はみられなかった（$t(28)=0.38, ns$）。

2．懸念的被透視感

懸念的被透視感に関する2項目の相関は有意であったため（$r=.81, p<.001$）、2項目の平均を懸念的被透視感得点とした（$M=2.95, SD=1.06$）。懸念的被透視感得点を実験協力者の人間関係への興味の言及の要因で比較したところ、言及あり条件（$M=3.33, SD=0.98$）の方が言及なし条件（$M=2.57, SD=1.03$）よりも得点が高かった（$t(28)=2.09, p<.05$）。

第4項　考察

研究3の目的は、懸念的被透視感の強さを規定する要因として、認知された相手の能力の要因を検討することであった。以下、得られた結果について整理、考察する。

研究3では、相手が人間関係に興味があると認知することを、相手が内面を見抜く能力が高いと認知することとした。その結果、人間関係に興味があ

ると言及した相手と相互作用した実験参加者は、そのような言及をしなかった相手と相互作用した実験参加者と比べ、懸念的被透視感を強く感じるという結果が得られた。したがって、認知された相手の能力も懸念的被透視感の強さを規定する要因となることが示された。

　また、認知された相手の能力によって懸念的被透視感の強さが異なるという結果は、視点取得と被透視感に関係がみられないという、研究2の結果の解釈に示唆を与えると考えられる。すなわち、研究2では、視点取得特性の高い者が、自己の内面に気づく調査者の能力を高く認知したことが結果に影響した可能性が考えられる。具体的には、自己の内面に気づく相手の能力を高く認知した結果、他者の視点から自己を見るという視点取得の効果が相殺されて被透視感が低くならなかったため、視点取得と被透視感に関係がみられなかった可能性が考えられる。

第3節　本章のまとめ

　本章では、本研究の第一の検討点である、懸念的被透視感の強さを規定する要因について検討した。そして、懸念的被透視感の強さを規定する要因として、自己に関する要因と他者に関する要因を検討した。本章で得られた知見を以下に整理する。

　自己に関する要因については、懸念的被透視感の上位概念である被透視感に着目し、自己への注意との関係について検討した（研究2）。その結果、私的自己意識と公的自己意識がともに高い者の被透視感が最も強いという結果が得られた。したがって、懸念的被透視感は、気づかれたくない事柄に注意を向け、また、他者に見られている自己の振る舞いに注意を向けたときに強まることが示唆された。一方で、他者の視点から自己を見るという認知的行為は、懸念的被透視感の強さに影響しないという結果も得られた。

　他者に関する要因については、認知された相手の能力との関係について検討した（研究3）。その結果、相互作用する相手を自己の内面に気づく能力があると認知した者はそのように認知しなかった者と比べ、懸念的被透視感を

強く感じるという結果が得られた。したがって、認知された相手の自己の内面に気づく能力も懸念的被透視感の強さを規定することが示された。

注

1 研究2は、太幡（2006）において発表されている。
2 分析対象となった152名のうち、雇用者場面では146名（96.1%）、約束場面では120名（78.9%）、恋愛場面では148名（97.4%）が、常識的であるとされた回答を選択していた。人数に偏りがみられることと、研究の目的から外れることを考慮して、選択された葛藤課題の解決法と被透視感の関連については、分析の際に考慮しなかった。
3 その他、それぞれの個人的情報に関する重要度、知られたくない程度についても回答するように求めた。これらの項目については割愛する。
4 本書では、サンプル数が多い調査では、有意傾向については言及しない。サンプル数が少ない実験のみ、有意傾向の解釈が慣例的に行われていることから、有意差がみられた結果と分けて、有意傾向がみられた結果についても記載する。
5 自己の特性を内面として研究2と同様の方法を用いて検証した太幡（2006）の第二研究では、自己のネガティブな特性への被透視感、ポジティブな特性への被透視感ともに、自己の公的側面への注意とは正の関係がみられたものの、自己の私的側面への注意との関係はみられなかった。したがって、自己の内面によって、被透視感の強さと自己の私的側面への注意との関係が変わる可能性も考えられる。
6 太幡（2006）は、第二研究において被透視感の強さと自己の私的側面への注意との関係がみられなかった理由についても、内的経験のインパクトが弱かったことが影響した可能性を指摘している。
7 太幡（2006）の第二研究においても、自己のネガティブな特性への被透視感、ポジティブな特性への被透視感ともに、視点取得との関係はみられなかった。
8 研究3は、Tabata（2007）において発表されている。
9 アナグラム課題は、大学生10名（男性5名、女性5名）による予備調査で、30題解答するのに約4分かかることを確認していた。
10 実験協力者は、視線や反応を一定にするように事前にトレーニングを受けた。
11 デブリーフィング後に、面接者が口頭で現在の怒りの程度について確認し、怒りを感じていた実験参加者がいないことを確認した。

第7章

懸念的被透視感による反応
―実験的アプローチによる検討―

第1節　認知的負荷が懸念的被透視感による反応に与える影響
[研究4][1]

第1項　問題

　研究4では、懸念的被透視感を喚起する実験的操作によって生起する反応を測定する方法により、認知的負荷が懸念的被透視感による反応に与える影響について検討することを目的とする。

　研究4では、懸念的被透視感による反応を、非言語的反応と言語的反応の観点から検討する。非言語的反応については、話し方、身体の動き、視線の動き、表情に関して、焦りを反映すると想定される反応に着目する。言語的反応については、言語内容の印象を取り上げる。懸念的被透視感が生じた際に、焦りの反応が発言内容にも表出されやすくなると想定される。そこで、的確さと曖昧さの観点から、言語内容の印象を検討する。

　懸念的被透視感による反応に影響する要因としては、認知的負荷に焦点を当てる。並行プロセスモデル（Patterson, 1996, 2001）に基づくと、認知的資源の量が反応を生起させる際の情報処理に影響を与えるため、懸念的被透視感による反応に影響を与えると予測される（第3章第2節）。そして、認知的資源に影響を与える要因として、懸念的被透視感が生じる前の自己呈示の意図的統制に焦点を当てる。自己呈示とは、自己イメージを意図的に操作する自己表現である（Jones & Pittman, 1982）。自己呈示の意図的統制に着目する

理由は、気づかれたくないことを隠すという、懸念的被透視感を感じる前に生起しやすい行動と考えられるためである。自己呈示に関する研究では、他者に自己を表現することはある程度は自動的な情報処理に基づいていると考えられている（Pontari & Schlenker, 2000; Schlenker & Wowra, 2003）。したがって、自己呈示を意図的に統制しようとすると、認知的負荷となると考えられる（Baumeister, Hutton, & Tice, 1989; Tice, Butler, Muraven, & Stillwell, 1995）。自己呈示の意図的統制が認知的負荷となることは、自己呈示の意図的統制によって、記憶が阻害され（Baumeister et al., 1989; Tice et al., 1995）、並行する作業が困難になる（太幡, 2005）ことにより実証されている。以上の議論を整理すると、自己呈示の意図的統制が認知的負荷となり、認知的資源が消費されるため、懸念的被透視感を感じた際に、統制的な情報処理が十分に行われないまま反応が表出されやすくなると推測される。そこで、以下の仮説が導出される。"仮説1：認知的負荷の操作がなされた条件の者はそうでない条件の者と比べ、懸念的被透視感を感じたときに、焦りを反映すると想定される非言語的反応を多く生起させるだろう"。"仮説2：認知的負荷の操作がなされた条件の者はそうでない条件の者と比べ、懸念的被透視感を感じたときに、発言内容の的確さが低く、かつ曖昧な印象を与えるだろう"。

　研究4の手続きの概略は以下の通りである。まず、架空のアルバイトの面接に参加する実験参加者に、面接とは無関係の実験協力者が、特定の能力に関するネガティブなフィードバックを与える。続いて行われる面接の説明で、ネガティブなフィードバックを与えた能力に類似する能力が採用条件であると伝え、面接者にその能力の低さを気づかれたくないという意識を喚起させる。そして、認知的負荷と懸念的被透視感を操作し、懸念的被透視感の喚起前と喚起後の非言語的反応、言語的反応を測定する。非言語的反応は、焦りを反映すると想定される反応に着目し、懸念的被透視感の喚起前後の反応の変化と、懸念的被透視感の喚起直後に表出される反応の二点を検討する。言語的反応は、的確さ、曖昧さの点について、言語内容の印象評定によって検討する。

　なお、懸念的被透視感の喚起操作は、研究1で得られた、懸念的被透視感を感じる根拠に関する事柄を操作することで可能になると考えられる。そこ

第Ⅱ部　実証的研究

で、研究4では、懸念的被透視感を喚起する実験的操作として、懸念的被透視感を感じる根拠のうちの、他者の反応からの推測に着目する。具体的には、実験参加者と相互作用する相手の発言によって、実験参加者の懸念的被透視感を誘発する方法を用いることとする。この方法によって、対人コミュニケーションの中で懸念的被透視感が生じた一時点を同定できると考えられる。

第2項　方法

1．予備調査

　懸念的被透視感の喚起操作の方法を決定するために、大学生10名（男性7名、女性3名）に、懸念的被透視感の定義と研究で設定する状況を文章で示し、自分ならばどのようなときに懸念的被透視感を感じると思うかについて自由に記述するように求めた。記述された内容を分類した結果、面接者からの働きかけ（例：気づかれたくないことと関連する質問をされる）は9名、面接者の表情・しぐさ（例：面接者が渋い顔をする）は7名、視線の交錯（例：面接者と目が合う）は2名から言及されていた。したがって、懸念的被透視感の喚起方法として、面接者からの働きかけと対応する、実験参加者の気づかれたくないことと関連する事柄について面接者が言及する方法を採用した。

2．実験参加者

　実験材料作成のアルバイトに関する面接を実施していると告知し、依頼に応じた大学生73名に個別に実験を実施した。そのうち、懸念的被透視感を感じなかった者などを除外し、60名（男性25名、女性35名、平均年齢19.83歳（$SD=1.25$））を分析対象とした。除外された者の内訳は、カバーストーリーに気づいた1名、懸念的被透視感を感じなかった7名、面接でネガティブなフィードバックを受けたことを言及した2名、配置された実験条件を覚えていなかった3名であった。

3．実験計画

　認知的負荷の操作（あり、なし）×懸念的被透視感（喚起前、喚起後）の2要

因混合計画であった。前者が実験参加者間要因、後者が実験参加者内要因である。分析対象とされた実験参加者は、それぞれの条件に 30 名ずつ配置されていた。

　認知的負荷の操作は、面接の前の教示によって行った。面接者が実験条件をわからないように、教示文の入った封筒をランダムに選んで実験参加者に渡した。操作あり条件では、以下のような教示文を示した。"面接の際に自分をアピールするために、相手に対してよい印象を抱かせる必要があります。そのために、自分の欠点を相手に表さないようにしなければなりません。欠点が表れないように自分の振る舞いに特に注意しながら面接を受けてください"。一方、操作なし条件では、以下のような教示文を示した。"面接の際に自分をアピールするために、相手に対してよい印象を抱かせる必要があります。無理に意識してしまうと逆に失敗してしまいます。いつものように自然に振る舞いながら、面接を受けてください"。

　懸念的被透視感の喚起操作は、予備調査の結果に基づき、実験参加者に対し、気づかれたくないことと関連する事柄について面接者が言及することで喚起する方法によって行った。

4．手続き

　実験手続きを Figure 7-1 に示す。実験参加者が面接の行われる部屋をノックすると、面接者（男性）が部屋から出て、前の者が面接に遅れて面接中なので待ってほしいと告げた。その際、部屋の近くにいた実験協力者（23 歳、女性）が、課題への協力を依頼し（全員が受諾した）、面接の行われる部屋とは別の実験室に誘導した。入室後、実験協力者は"柔軟的思考力"（架空の概念）の発達的変化の課題を行うと告げ、"柔軟的思考力"を"物事に対する工夫や思いつきに関する能力で、新しい考えを生み出す場面で特に重要である"と説明した。その後、5 分間の課題に解答するように求めた。課題は、公務員試験の問題を参考に独自に作成され、5 択形式の 10 問で構成されていた[2]。課題終了後、実験協力者は採点を行い、実験参加者に正解は 3 問であると伝え、社会人を対象にした結果の紙を渡した。結果の紙には"人数 176 名、平均正答数 6.48"と記載され、3 問正解は下から 10 位程度であ

第Ⅱ部　実証的研究

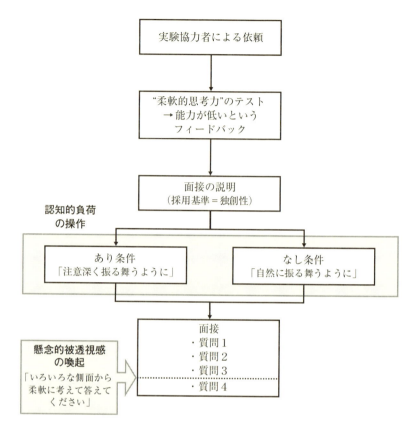

Figure 7-1　実験手続き

ることが示されていた。これは、課題の結果にネガティブなフィードバックを与える手続きであった。その後、実験協力者は、実験参加者を面接の行われる部屋に誘導した。

　実験参加者と面接者（26歳、男性）は、机をはさんで向き合って座った（距離は約200cm）。面接者は、面接の説明で、新しい実験材料を作るために創造性の高い者を採用すると説明した。これは、実験参加者に、"柔軟的思考力"が低いことを気づかれたくないという意識を喚起させる手続きであった。続いて、面接の注意を読むように告げ、認知的負荷の操作を行った。また、採

76

第7章　懸念的被透視感による反応——実験的アプローチによる検討——

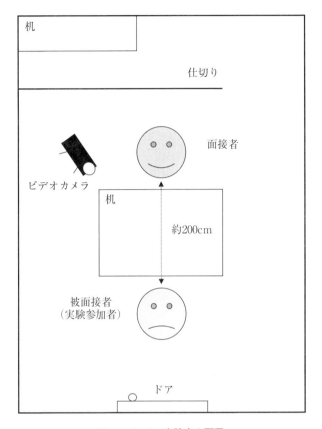

Figure 7-2　実験室の配置

用の判断のために面接の様子を録画すると伝え、面接者の右に置かれたビデオカメラ（SONY 製 DCR-TRV70K）のスイッチを押して録画を開始した（距離は約 300cm）。実験室の配置を Figure 7-2 に示す。面接では、面接者は、"実験の手伝いの経験"、"最近興味を持った出来事"、"困ったときの対処法"、"日々の暮らしの中の工夫" の順に四つの質問をした[3]。最後の質問の際に、面接者は実験参加者に、"いろいろな側面から柔軟に考えて答えるようにしてください" と告げ、実験参加者の懸念的被透視感の喚起操作を行った。実験参加者が3番目の質問に回答した場面を懸念的被透視感の喚起前、4番目

の質問に回答した場面を喚起後とした[4]。

面接終了後、面接者はビデオカメラのスイッチを切り、面接の感想を求めると告げて、操作チェック項目を含む質問紙に回答するように求めた。面接者は、回答中は部屋の中に置かれた仕切りの裏に隠れた。

実験参加者が質問紙に記入した後、実際の面接ではないことを告げ、カバーストーリーを用いた理由についてデブリーフィングを行った。特に、課題の能力に対するネガティブフィードバックを打ち消すための説明を入念に行った[5]。併せて、"柔軟的思考力"が低いことを気づかれたくないと思っており、懸念的被透視感を感じていたことを口頭で確認した。実験参加者がカバーストーリーを用いた理由を理解したことを確認した上で、退室するように求めた。所要時間は約40分であった。

5．操作チェック

操作チェック、条件の等質性チェックとして、以下の四点に回答するように求めた。

（a）認知的負荷：太幡（2005）に基づき、面接の困難度（"面接を受けていて難しいと思った"、"面接を受けて神経を使った"、"面接を受けていてプレッシャーがかかった"の3項目）、記憶の阻害（"面接中にあったことを覚えていない"の1項目）に、"1．全く当てはまらない"、"2．あまり当てはまらない"、"3．やや当てはまらない"、"4．どちらともいえない"、"5．やや当てはまる"、"6．かなり当てはまる"、"7．非常に当てはまる"の7件法で回答するように求めた（以下、7件法尺度の選択肢は同一である）。また、記憶テスト（7題）に、"はい"、"いいえ"、"わからない"の3択で回答するように求めた。具体的な項目は、"面接者は白いワイシャツを着ていた"、"面接者は腕時計をしていた"、"面接者は紺色のネクタイをしていた"、"面接者が手元で使っていたボードは黒だった"、"面接者は胸のポケットにペンをはさんでいた"、"面接者はネクタイピンをしていた"、"ビデオカメラの色は銀だった"であった。

（b）懸念的被透視感：デブリーフィングの際に、"面接者にいろいろな側面から柔軟に考えて答えるようにと言われたとき、どの程度、柔軟的思考

力が低いことを気づかれたと感じましたか"の1項目に、"1．全く感じなかった"、"2．ほんの少し感じた"、"3．やや感じた"、"4．かなり強く感じた"、"5．非常に強く感じた"の5件法で回答するように求めた。

(c) 焦り：懸念的被透視感と焦りとの関連を確認するため、面接中に感じていた気持ちに回答するように説明し、"焦りを感じた"、"動揺していた"、"緊張していた"の3項目に、7件法で回答するように求めた。

(d) 自己の公的側面への注意の程度："面接者に見られる姿が気になっていた"の1項目に、7件法で回答するように求めた。

6．非言語的反応

大坊・瀧本（1992）、和田（1993）、Zuckerman, et al.（1981）などの嘘をつく際の反応に関する研究に基づき、焦りによる覚醒水準の高まりを反映すると想定される反応について、話し方、身体の動き、視線、表情に着目して測定指標を作成した。それぞれの測定指標の定義を Table 7-1 に示す。反応の測定は、測定方法についてトレーニングを受けた2名（男性1名、女性1名）の測定者に、個別に録画された映像を示し、それぞれ60名分を測定するよ

Table 7-1　測定指標の定義

指標名	定義
話し方	
答えるまでの時間	答え始めるまでの時間（秒）
答えていた時間	答え始めてから答え終わるまでの時間（秒）
沈黙した割合	答えていた時間の中で、1秒以上、沈黙した時間の割合
言い直しの回数	発言内容を言い直した回数
間を持たす発言の回数	「ええと」などの会話の間をつなぐ発言の回数
身体の動き	
自己接触の回数	手で顔や頭や体を触った回数
手を動かした回数	自己接触以外に手を動かした回数
胴体を動かした回数	胴体を動かした回数
視線	
視線をそらした割合	全体の中で、1秒以上、視線をそらした時間の割合
まばたきの回数	まばたきの回数
表情	
眉間にしわを寄せた回数	表情を変化させて眉間にしわを寄せた回数

うに求めた。反応が測定されたのは、(a) 3番目の質問に回答した場面、(b) 懸念的被透視感の喚起操作直後の10秒間、(c) 懸念的被透視感の喚起操作後の、4番目の質問に回答した場面であった。このうち、(a) と (c) が懸念的被透視感による反応の変化の比較として、(b) が懸念的被透視感の喚起操作直後の反応として測定された。測定された反応は、(a) と (c) については、話し方、身体の動き、視線、表情の指標であった。(b) については、実験参加者が回答し始める前の場面であったため、話し方に関する指標は測定しなかった。分析にあたっては、2名の測定値の平均値を用いた[6]。分析の際には、時間の指標は対数変換した。また、実験参加者によって測定時間が異なるため、回数の指標は表出された回数を30秒単位に換算し、分析に用いた。

7. 言語内容の印象評定

研究の仮説を知らない大学生5名（男性3名、女性2名）が個別に印象評定を行った。懸念的被透視感の喚起前の質問と喚起後の質問の場面における、面接者が質問を終えてから実験参加者が答え終わった部分のみの映像を評定者に呈示し、印象評定をするように求めた。実際の実験場面で実験参加者に与えられていた質問は文章によって示した。映像の順序はランダムにした。評定者が発言内容を同じ基準で評定するように、同じ質問に関する映像を連続して呈示した。評定の際には、発言内容に着目して回答するように教示した。そして、的確さ（"話題に対して的確な回答をしていた"、"回答内容は独創性の高いものだった"の2項目）、曖昧さ（"答えに曖昧な表現が含まれていた"の1項目）に、7件法で回答するように求めた。それぞれ60名分すべてを評定するように求めた。分析には評定者の平均値を用いた[7]。

第3項 結果

1. 操作チェック

面接の困難度に関する3項目は、主成分分析を行ったところ、すべての項目の第一主成分に対する負荷量の絶対値が.76以上であった。そこで、3項

目を合算して項目数で除算した得点を算出した（α=.80）。記憶テストは、正答数を算出した。実験条件ごとの認知的負荷に関する操作チェック項目の平均値を Table 7-2 に示す。認知的負荷に関する指標について、認知的負荷の操作を独立変数とする多変量分散分析を行ったところ、有意傾向がみられた（Hotelling の T^2=.14, F(3, 56)=2.66, p<.10）。また、それぞれの指標について、認知的負荷の操作の要因で得点を比較したところ、面接の困難度（t(58)=2.03, p<.05)、記憶の阻害（t(58)=2.30, p<.05）に有意差がみられた。また、記憶テスト得点（t(58)=1.68, p<.10）に有意傾向がみられた。すなわち、認知的負荷の操作あり条件の方がなし条件より、面接を困難で、記憶が阻害されたと感じており、記憶テスト得点が低い傾向がみられた。これらの結果から、認知的負荷の操作は概ね有効であったことが確認された。

懸念的被透視感の喚起操作の有効性を確認するために、懸念的被透視感得点を求めたところ、認知的負荷の操作あり条件では M=2.90（SD=0.92）、操作なし条件では M=3.20（SD=0.85）と、どちらの条件においても高い値が得られた。したがって、懸念的被透視感の喚起操作の有効性が確認された。また、認知的負荷の操作の条件間で有意差はみられなかった（t(58)=1.42, ns）。

焦りに関する3項目については、懸念的被透視感を感じなかったために分析から除外した7名を含めた67名のデータを扱った[8]。主成分分析を行ったところ、すべての項目の第一主成分に対する負荷量の絶対値が.85以上であったため、3項目を合算して項目数で除算した得点を算出した（α=.86）。焦りと懸念的被透視感には、有意な正の相関がみられた（r=.24, p<.05）。し

Table 7-2 実験条件ごとの認知的負荷に関する操作チェック項目の平均値（標準偏差）と t 値

	認知的負荷の操作		t 値
	あり	なし	
面接の困難度	5.41 (1.03)	4.79 (1.32)	2.03*
記憶の阻害	3.23 (1.57)	2.40 (1.22)	2.30*
記憶テスト	2.67 (1.18)	3.20 (1.27)	1.68+

+p<.10, *p<.05.

たがって、懸念的被透視感と焦りには関連がみられることが間接的に示された[9]。また、分析に用いた60名のデータに関して、焦り得点は、認知的負荷の操作あり条件では$M=5.11$ ($SD=1.29$)、操作なし条件では$M=4.50$ ($SD=1.29$)であった。認知的負荷の操作の条件間で有意傾向がみられ ($t(58)=1.85$, $p<.10$)、認知的負荷の操作あり条件の方が焦り得点が高い傾向にあった。

自己の公的側面への注意は、認知的負荷の操作あり条件では$M=4.03$ ($SD=1.81$)、操作なし条件では$M=3.87$ ($SD=1.61$) であった。認知的負荷の操作の条件間で有意差はみられなかった ($t(58)=0.38$, ns)。

2．非言語的反応

条件間の非言語的反応を比較するために、面接者の質問に答える場面、懸念的被透視感の喚起操作直後の場面について検討した。以下、それぞれの結果を示す。

面接者の質問に答える場面における実験条件ごとの非言語的反応の平均値をTable 7-3に示す。測定された非言語的反応を従属変数として、認知的負荷の操作と懸念的被透視感を要因とする分散分析を行った。その結果、間を持たす発言の回数、手を動かした回数は、交互作用に有意差がみられた。また、沈黙した割合、言い直しの回数、眉間にしわを寄せた回数は、交互作用に有意傾向がみられた。交互作用に有意差、有意傾向がみられた反応については、単純主効果検定を行った。単純主効果検定の結果は、以下の三点に整理される。(a) どの反応においても、懸念的被透視感の喚起前において、認知的負荷の条件間で差はみられなかった。(b) 認知的負荷の操作あり条件のみで、懸念的被透視感の喚起後に、沈黙した割合 ($F(1, 58)=10.19$, $p<.01$)（Figure 7-3）、眉間にしわを寄せた回数 ($F(1, 58)=9.81$, $p<.01$)（Figure 7-4）が有意に増加し、言い直しの回数が増加する傾向がみられた ($F(1, 58)=3.33$, $p<.10$)（Figure 7-5）。沈黙した割合、眉間にしわを寄せた回数は、懸念的被透視感の喚起後において、認知的負荷の操作あり条件の方がなし条件よりも多かった ($F(1, 58)=5.64$, $p<.05$; $F(1, 58)=4.90$, $p<.05$)。(c) 認知的負荷の操作なし条件のみで、懸念的被透視感の喚起後に、間を持たす発言の回数 ($F(1, 58)=6.15$, $p<.01$)（Figure 7-6）、手を動かした回数 ($F(1, 58)=7.34$, $p<.01$)

第7章 懸念的被透視感による反応——実験的アプローチによる検討——

Table 7-3 面接者の質問に答える場面における実験条件ごとの
非言語的反応の平均値(標準偏差)と F 値

懸念的被透視感	認知的負荷の操作				F 値		
	あり		なし		認知的負荷	懸念的被透視感	交互作用
	喚起前	喚起後	喚起前	喚起後			
話し方							
答えるまでの時間	8.94 (14.88)	8.82 (6.74)	6.60 (7.38)	10.85 (11.82)	0.05	13.36***	0.20
答えていた時間	24.07 (14.66)	48.24 (29.04)	27.55 (23.04)	44.50 (23.26)	0.00	57.56***	0.06
沈黙した割合	0.06 (0.11)	0.16 (0.18)	0.04 (0.09)	0.06 (0.12)	5.11*	8.03**	2.83+
言い直しの回数	0.53 (0.90)	0.93 (1.00)	0.93 (1.29)	0.81 (0.87)	0.81	0.42	2.83+
間を持たす発言の回数	1.94 (2.01)	2.25 (1.39)	2.14 (1.39)	1.45 (0.89)	0.85	0.93	6.47*
身体の動き							
自己接触の回数	0.27 (0.59)	0.37 (0.58)	0.51 (0.78)	0.46 (0.64)	1.56	0.08	0.52
手を動かした回数	0.49 (1.03)	0.61 (1.10)	0.98 (1.35)	0.43 (0.78)	0.41	2.25	5.44*
胴体を動かした回数	0.23 (0.64)	0.44 (0.97)	0.18 (0.41)	0.26 (0.40)	0.70	2.97+	0.61
視線							
視線をそらした割合	0.22 (0.26)	0.23 (0.23)	0.21 (0.29)	0.29 (0.28)	0.15	2.50	1.86
まばたきの回数	18.21 (6.00)	18.55 (6.78)	20.35 (12.19)	20.54 (10.31)	0.80	0.24	0.02
表情							
眉間にしわを寄せた回数	0.22 (0.50)	0.58 (0.79)	0.15 (0.33)	0.23 (0.39)	3.78+	7.37**	2.94+

+$p<.10$, *$p<.05$, **$p<.01$, ***$p<.001$.
注)時間の指標は対数変換前の値(単位は秒)、回数の指標は30秒単位に換算した値である。

(Figure 7-7)が有意に減少した。間を持たす発言の回数は、懸念的被透視感の喚起後において、認知的負荷の操作なし条件の方があり条件よりも少なかった($F(1, 58)=7.04, p<.01$)。また、交互作用に有意差、有意傾向がみられなかった反応の中で、答えるまでの時間、答えていた時間には、懸念的被透視感の主効果に有意差がみられ、胴体を動かした回数には、有意傾向がみられた。いずれも、時間、回数が増加していた。認知的負荷の主効果はどの反

83

第Ⅱ部　実証的研究

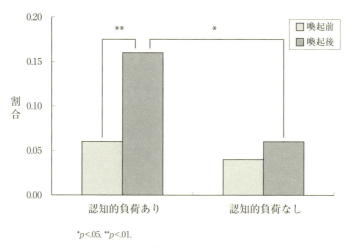

*p<.05, **p<.01.

Figure 7−3　実験条件ごとの沈黙した割合

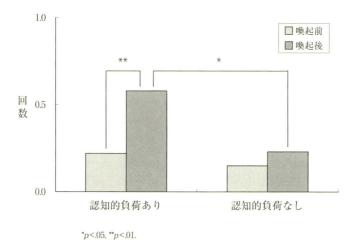

*p<.05, **p<.01.

Figure 7−4　実験条件ごとの眉間にしわを寄せた回数

第7章　懸念的被透視感による反応——実験的アプローチによる検討——

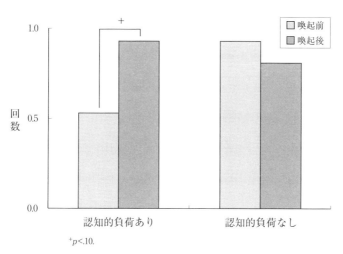

+p<.10.

Figure 7-5　実験条件ごとの言い直しの回数

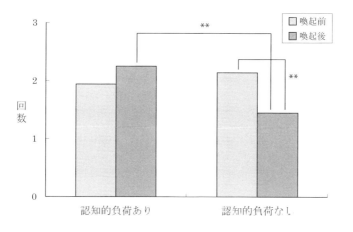

**p<.01.

Figure 7-6　実験条件ごとの間を持たす発言の回数

第Ⅱ部　実証的研究

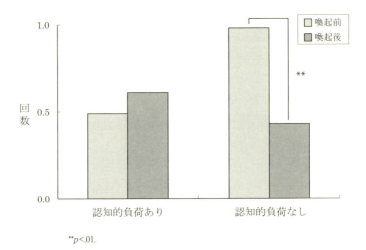

**p<.01.

Figure 7-7　実験条件ごとの手を動かした回数

応においてもみられなかった。

　続いて、懸念的被透視感の喚起操作直後の場面における実験条件ごとの非言語的反応の平均値を Table 7-4 に示す。測定された非言語的反応について、認知的負荷の要因で反応の回数や時間を比較した。その際、等分散性の仮定を満たさない指標については、Welch の検定を行った。その結果、自己接触の回数、胴体を動かした回数に有意差がみられた。また、眉間にしわを寄せた回数には有意傾向がみられた。いずれも認知的負荷の操作あり条件の方が、回数が多かった。

3．非言語的反応の特徴

　非言語的反応の特徴について検討するために、面接者の4番目の質問に答える場面と、懸念的被透視感の喚起操作直後の場面のそれぞれについて、非言語的反応の相関係数を算出した。併せて、懸念的被透視感の強さと非言語的反応との相関係数も算出した。相関係数の値を Table 7-5 と Table 7-6 に示す。得られた結果は以下のように整理される。(a) 面接者の4番目の質問に答える場面において、沈黙した割合と視線を回避した割合、答えるま

Table 7-4 懸念的被透視感の喚起操作直後の場面における実験条件ごとの非言語的反応の平均値（標準偏差）と t 値

	認知的負荷の操作 あり	認知的負荷の操作 なし	t 値 (df)
身体の動き			
自己接触の回数	0.47 (0.63)	0.17 (0.38)	2.24* (47.62)
手を動かした回数	0.17 (0.46)	0.13 (0.35)	0.32 (58)
胴体を動かした回数	0.60 (0.77)	0.17 (0.38)	2.77** (42.27)
視線			
視線をそらした時間	5.10 (3.31)	5.16 (3.99)	0.06 (56.11)
まばたきの回数	7.57 (3.04)	8.63 (4.34)	1.10 (51.92)
表情			
眉間にしわを寄せた回数	0.40 (0.72)	0.13 (0.35)	1.82+ (41.57)

+$p<.10$, *$p<.05$, **$p<.01$.
注）等分散性の仮定が満たされない指標については，Welch の検定を行った。

での時間と視線を回避した割合、沈黙した割合と眉間にしわを寄せた回数、視線を回避した割合と眉間にしわを寄せた回数に特に強い正の相関がみられた。(b) 懸念的被透視感の喚起操作直後において、懸念的被透視感と視線を回避した割合に有意な正の相関がみられた。

4．言語内容の印象

的確さの2項目には、懸念的被透視感の喚起前（$r=.46, p<.001$）、喚起後（$r=.41, p<.001$）ともに有意な相関がみられたため、平均値を的確さ得点とした。実験条件ごとの言語内容の印象評定項目の平均値を Table 7-7 に示す。的確さ得点と曖昧さ得点には有意な相関がみられた（$r=-.44, p<.001$）。的確さ得点について、認知的負荷の操作と懸念的被透視感を要因とする分散分析を行った。その結果、交互作用のみに有意傾向がみられた（$F(1, 58)=3.02, p<.10$）(Figure 7-8)。単純主効果検定を行ったところ、認知的負荷の操作あり条件もなし条件も、懸念的被透視感の喚起によって、評定値が有意に変

第Ⅱ部 実証的研究

Table 7-5 面接者の4番目の質問に答える場面における非言語的反応と懸念的被透視感との相関係数 (N=60)

	答えるまで	答え	沈黙	言い直し	間を持たす発言	自己接触	手	胴体	視線回避	まばたき	眉間のしわ
懸念的被透視感	.03	.18	-.10	.23⁺	-.18	-.07	.03	-.10	.03	-.00	-.06
答えるまで	—	-.09	.30*	.13	.07	.07	.09	.10	.46***	.08	.14
答え		—	-.12	.13	-.23⁺	-.23⁺	.21	-.20	-.02	-.05	.00
沈黙			—	.03	.10	-.19	-.23⁺	-.10	.42***	.06	.50***
言い直し				—	-.02	.03	.08	.35*	.02	-.04	.05
間を持たす発言					—	.15	-.05	.04	.01	-.04	.12
自己接触						—	.26*	.02	.20	.04	.18
手							—	.12	-.02	.11	-.03
胴体								—	-.05	-.10	-.11
視線回避									—	.03	.37***
まばたき										—	.18
眉間のしわ											—

⁺p<.10, *p<.05, **p<.01, ***p<.001.

第7章 懸念的被透視感による反応——実験的アプローチによる検討——

Table 7-6 懸念的被透視感の喚起操作直後の場面における非言語的反応と懸念的被透視感との相関係数（N=60）

	自己接触	手	胴体	視線回避	まばたき	眉間のしわ
懸念的被透視感	-.14	-.16	-.15	.35*	.14	-.06
自己接触	—	.25+	.28*	-.03	.08	.16
手		—	.10	-.06	.07	-.03
胴体			—	.08	.05	.04
視線回避				—	.05	.11
まばたき					—	.29*
眉間のしわ						—

+p<.10, *p<.05.

Table 7-7 実験条件ごとの言語内容の印象評定項目の平均値（標準偏差）とF値

| | 認知的負荷の操作 |||| F値 |||
| | あり || なし || 認知的負荷 | 懸念的被透視感 | 交互作用 |
懸念的被透視感	喚起前	喚起後	喚起前	喚起後			
的確さ	4.15 (0.79)	3.97 (0.62)	4.20 (0.90)	4.38 (0.65)	1.97	0.00	3.02+
曖昧さ	2.79 (1.42)	3.33 (1.21)	2.57 (1.07)	3.05 (1.12)	0.98	7.70**	0.02

+p<.10, **p<.01.

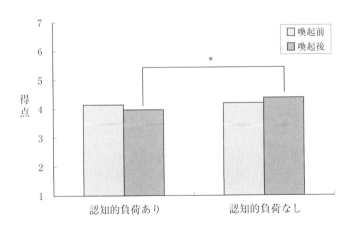

*p<.05.

Figure 7-8 実験条件ごとの言語内容の的確さ

化していなかった。しかし、懸念的被透視感の喚起後のみで、認知的負荷の操作あり条件の方がなし条件よりも、的確さが低く評定されていた（$F(1, 58)=6.25, p<.05$）。同様に、曖昧さについて分散分析を行ったところ、懸念的被透視感の主効果のみに有意差がみられ（$F(1, 58)=7.70, p<.01$）、懸念的被透視感の喚起後の方が喚起前よりも、曖昧さが高く評定されていた。

第4項　考察

研究4の目的は、懸念的被透視感を喚起する実験的操作によって生起する反応を測定する方法により、認知的負荷が懸念的被透視感による反応に与える影響について検討することであった。以下、得られた結果について整理、考察する。

1．非言語的反応

測定された非言語的反応については、認知的負荷の操作あり条件の者はなし条件の者と比べ、懸念的被透視感を感じたときに、焦りによって生じると想定される非言語的反応を多く生起させると予測した（仮説1）。そして、懸念的被透視感の喚起前後の反応の変化と、懸念的被透視感の喚起直後に表出される反応について検討した。加えて、非言語的反応と懸念的被透視感の強さとの関係についても検討した。以下、得られた結果について整理、考察する。

面接者の質問に答える場面においては、認知的負荷の操作あり条件のみで、懸念的被透視感の喚起後に、沈黙した割合、眉間にしわを寄せた回数が有意に増加し、言い直しの回数が増加する傾向がみられた。沈黙した割合、眉間にしわを寄せた回数は、懸念的被透視感の喚起後には、認知的負荷の操作あり条件の方がなし条件よりも多くなった。以上の結果は、仮説1を支持する結果である。すなわち、認知的負荷によって、懸念的被透視感を感じた際に、話し方や表情に焦りを反映すると想定される反応が多く表出されたといえる。また、認知的負荷の操作なし条件のみで、懸念的被透視感の喚起後に、間を持たす発言の回数、手を動かした回数が減少していた。認知的負荷の操作あり条件では、これらの回数が減少していないことから、この結果は

部分的に仮説1と整合すると考えられる。しかし、認知的負荷の操作によって、懸念的被透視感の喚起による変化に違いがみられない反応もあった。このうち、答えるまでの時間、答えていた時間については、懸念的被透視感の喚起後に時間が有意に長くなったことから、"いろいろな側面から考えて答えるように"という懸念的被透視感を喚起する教示によって、実験参加者がよく考え、長い時間答えたことが影響したと想定される。一方、自己接触の回数や、視線をそらした割合などについては、懸念的被透視感の主効果がみられていないことから、認知的負荷の操作あり条件の実験参加者が反応を抑制したと解釈される。実験参加者が反応を抑制した理由として、自己接触や視線回避は、面接状況では望ましくないという信念が影響した可能性が考えられる。自己接触は、嘘をつくときに増加するという、一般的信念が存在する（和田, 1993）。また、視線を回避すると相手から信用度が低いと判断される（Hemsley & Doob, 1978）。これらのことから、自己接触や、視線回避は、一般的に望ましくない印象を与えると考えられていると想定される。研究4の状況において、実験参加者は、採用されるために面接者にネガティブな印象を与えないようにする必要があったと想定される。したがって、面接での標準的な振る舞いに関するスクリプトが活性化され、自己接触や視線回避が自動的に抑制された可能性が考えられる。

　懸念的被透視感の喚起操作直後の場面においては、認知的負荷の操作あり条件ではなし条件と比べ、自己接触の回数、胴体を動かした回数が多くみられた。また、眉間にしわを寄せた回数も多い傾向がみられた。以上の知見は、仮説1を支持する結果である。身体の動きについては、認知的負荷の操作あり条件ではなし条件と比べ、懸念的被透視感の喚起後の面接者の質問に答える場面においては差がみられなかったものの、懸念的被透視感の喚起操作直後の場面においては焦りを反映すると想定される反応が多く表出された。この違いが生じた理由は、身体の動きを抑制するという面接での標準的な振る舞いに関するスクリプトが、相手からの質問に答える前には活性化されていなかったため、認知的負荷が身体の動きに影響を与えた可能性が考えられる。

　また、非言語的反応と懸念的被透視感の強さについて検討した結果、懸念

的被透視感の喚起操作直後の場面において、視線をそらした割合と懸念的被透視感に有意な正の相関がみられた。この結果から、懸念的被透視感が生じたときには、視線をそらすという反応が生起しやすい可能性があると考えられる。この可能性については、研究5の結果と併せて考察する。

2．言語内容の印象

言語内容については、認知的負荷の操作あり条件の者はなし条件の者と比べ、懸念的被透視感の喚起後に、発言内容の的確さが低く、かつ曖昧な印象を与えると予測した（仮説2）。

的確さは、懸念的被透視感の喚起後に、認知的負荷がある条件では、発言内容の的確さが低く評定された。これは仮説2を支持する結果である。したがって、認知的負荷によって、懸念的被透視感を感じた際の発言内容の的確さが低下することが示されたといえる。Grice（1975）は、話し手が会話で守るべき公準を破ると、発言内容が欺瞞的な印象を他者に与えると論じた。会話の公準のうち、研究4で扱われた的確さは、"（話題と）関係のあることを述べよ"という関係の公準と対応すると考えられる。得られた結果から、懸念的被透視感を感じた際の発言内容が欺瞞的な印象を他者に与える可能性があると考えられる。

一方、曖昧さには、認知的負荷の操作の有無による差がみられず、懸念的被透視感の喚起後は、言語的内容が曖昧であると評定された。この理由としては、懸念的被透視感の喚起後に答えた時間が長くなり、発言量が増えたことが結果に反映されたと推察される。

第2節　内面を気づかれたくない理由が懸念的被透視感による反応に与える影響［研究5］[10]

第1項　問題

研究5では、研究4と同様、懸念的被透視感を喚起する実験的操作によっ

第7章　懸念的被透視感による反応——実験的アプローチによる検討——

て生起する反応を測定する方法により、内面を気づかれたくない理由が懸念的被透視感による反応に与える影響について検討することを目的とする。

　研究5では、懸念的被透視感による反応に影響する要因として、内面を気づかれたくない理由に焦点を当てる。内面を気づかれたくない理由が、懸念的被透視感による反応に影響を与えることは、以下の二つの観点から推察される。第一に、制御理論（Carver, 1979; Carver & Scheier, 1981, 1998）である。制御理論に基づくと、内面を気づかれたくない理由によって、懸念的被透視感による反応の方略に違いがみられると予測される（第3章第2項）。第二に、自己呈示動機に関する議論である。自己呈示動機は、自己呈示の方略に影響を与えると論じられ（Jones & Pittman, 1982）、いくつもの研究で実証されている（Feldman, Forrest, & Happ, 2002; Godfrey, Jones, & Lord, 1986; Olson, Hafer, & Taylor, 2001）。例えば、Olson et al. (2001) は、自己呈示動機によって、他者に対するネガティブな感情の言語的表出の量が異なることを示した。以上の二つの観点に基づくと、内面を気づかれたくない理由に対応した反応が生起しやすくなると予測される。内面を気づかれたくない理由は、研究1の結果から、自分の評価を下げたくないといった自己利益的な理由と、他者に迷惑をかけたくないといった他者配慮的な理由に分類される。したがって、内面を気づかれたくない理由が自己利益的な理由と他者配慮的な理由とでは、懸念的被透視感による反応、特に言語的方略に違いがみられると予測される。そこで、以下の仮説が導出される。"仮説1：内面を気づかれたくない理由が自己利益的な条件では、自己の能力や利益を守る言語的方略が用いられやすいだろう"。"仮説2：内面を気づかれたくない理由が他者配慮的な条件では、他者を気遣う言語的方略が用いられやすいだろう"。

　研究5では、言語的方略の違いについて検討するため、いくつかの言語的方略がみられる可能性がある状況を設定する。手続きの概略は以下の通りである。まず、実験参加者に、大学院生に扮して心理テストの面接者役をするように依頼し、大学院生ではないことを隠しながら大学生（実験協力者）に面接をするように求める。内面を気づかれたくない理由は、実験参加者への説明によって操作する。実験参加者の懸念的被透視感は、研究4の方法に基づき、面接において、大学院生ではないことを疑う実験協力者の発言によっ

て喚起させる。懸念的被透視感の喚起後に、実験協力者が実験参加者に、"心理学の研究者なら知っているはず"とされる架空の概念について質問し、質問に回答する際の、実験参加者の言語的反応、非言語的反応を測定する。言語的反応は、懸念的被透視感の喚起後の質問に答える場面での言語的方略の分類に加えて、研究4で実施された言語内容の印象評定についても検討する。非言語的反応は、研究4で測定された、焦りを反映すると想定される反応に着目し、懸念的被透視感の喚起前後の反応の変化と、懸念的被透視感の喚起直後に表出される反応の二点を検討する。

第2項　方法

1．実験参加者

　恋愛とコミュニケーションに関する面接調査を実施していると告知し、依頼に応じた大学生62名に個別に実験を実施した。実験の目的に気づいた者など7名を除外し、55名（男性21名、女性34名、平均年齢19.29歳（$SD=1.50$））を分析対象とした。除外された者の内訳は、実験の目的に気づいた3名、内面を気づかれたくない意識の喚起が不十分であった2名、面接の中で本当は大学院生ではないことを言及した1名、実験協力者が面接の中で質問しなかった1名であった。

2．実験計画

　内面を気づかれたくない理由（自己利益、他者配慮、説明なし）×懸念的被透視感（喚起前、喚起後）の2要因混合計画であった。分析対象とされた実験参加者は、自己利益条件に19名、他者配慮条件に18名、説明なし条件に18名配置されていた。

　内面を気づかれたくない理由の操作は、実験参加者が心理学専攻の大学院生に扮して面接をする前の、実験者の面接の進め方の説明によって行った。自己利益条件では、"急に依頼された役割をうまくこなすことが、社会場面での対応能力に関わる"という旨を説明した。他者配慮条件では、"失敗すると、あなたと面接を受けに来た方のデータがすべて使えなくなってし

第7章 懸念的被透視感による反応——実験的アプローチによる検討——

まう"という旨を説明した。説明なし条件には、付加的な説明は行わなかった。内面を気づかれたくない理由の操作は、実験者が教示文を示しながら口頭で説明した。

懸念的被透視感の喚起操作は、研究4に基づき、面接者役の実験参加者に対し、本当は大学院生ではないことを実験協力者が疑って喚起する方法によって行った。

3．手続き

実験手続きを Figure 7-9 に示す。実験室において、実験者が実験参加者に、"恋愛に関する面接調査と並行して、心理学専攻の大学院生以外が大学院生に扮して面接を行うことが面接の結果に与える影響も調べている"と説

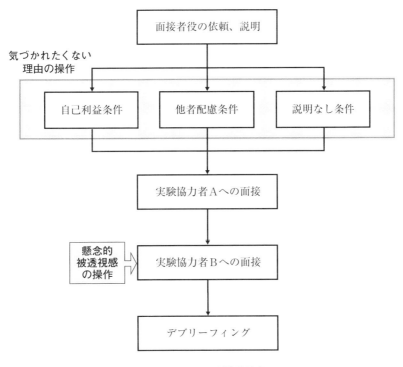

Figure 7-9 実験手続き

95

明し、実験参加者に面接者役を依頼した（全員が受諾した）。続いて、実験参加者と同性の大学生2名がすぐ後に面接を受ける予定である旨を伝え、彼らに大学院生ではないことを気づかれないように面接をするように伝えた[11]。これは、大学院生ではないことを気づかれたくないと意識させる手続きであった。その後、面接の台本、質問対応リストを渡し、面接の方法を説明した。自己利益条件と他者配慮条件の実験参加者には、内面を気づかれないようにする理由を説明した。また、記録のために面接の様子を録画すると伝え、録画することに実験参加者の同意を得た。

続いて、実験参加者は、一人目の実験協力者（実験参加者と同性の大学生）に面接を行った[12]。実験参加者（面接者）と実験協力者（被面接者）は、机をはさんで向き合って座った（距離は約200cm）。両者の右側には、相手を録画するためにビデオカメラ（SONY製DCR-TRV70K）が置かれていた。実験室の配置をFigure 7-10に示す。面接の前に、実験者はビデオカメラのスイッチを押して退室した。面接は、面接者役の実験参加者が、"恋愛に対する積極性傾向に関する心理テスト"を実験協力者に実施し、結果をフィードバックするものであった[13]。心理テストと結果のフィードバック用紙は、実験者が独自に作成した。面接の最後に、実験協力者は、質問対応リストに書かれた、"この結果は信じても大丈夫ですよね"という質問をした。この質問に答えている場面を、懸念的被透視感の喚起前の場面とした。面接終了後、実験者は入室し、ビデオカメラのスイッチを切った。そして、面接の感想を尋ねると告げ、実験参加者に操作チェック項目を含む質問紙に回答するように求めた。

実験参加者は、質問紙への回答終了後、二人目の実験協力者（実験参加者と同性の大学生）に面接を行った。面接の手順は、一人目の面接と同様であった。面接の最後に、二人目の実験協力者は、"面接の進め方がぎこちない感じがしましたが、心理学の大学院生の方ですよね？"と発言し、実験参加者の懸念的被透視感の喚起操作を行った。続いて、その実験協力者は、"研究者なら誰でも知っていると集中講義で聞いた、'恋愛のクリスマス効果'について教えてほしい"と質問した（"恋愛のクリスマス効果"は架空の概念である）。この質問に答えている場面を、懸念的被透視感の喚起後の場面とした。

第7章　懸念的被透視感による反応——実験的アプローチによる検討——

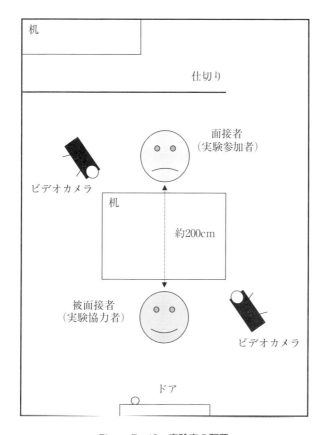

Figure 7-10　実験室の配置

　面接終了後、実験者は入室し、ビデオカメラのスイッチを切った。そして、面接の感想を尋ねると告げ、実験参加者に操作チェック項目を含む質問紙に回答するように求めた。

　実験参加者が質問紙に記入した後、実験者は、実際の面接ではないことを告げ、カバーストーリーを用いた理由についてデブリーフィングを行った。併せて、大学院生ではないことを実験協力者に気づかれたくないと思っており、懸念的被透視感を感じていたことを口頭で確認した[14]。実験参加者がカバーストーリーを用いた理由を理解したことを確認した上で、退室するよう

に求めた。所要時間は約40分であった。

4．操作チェック

操作チェック、条件の等質性チェックとして、以下の四点に回答するように求めた。なお、(b) のデブリーフィングの際に回答するように求めた懸念的被透視感の強さを除き、それぞれの面接ごとに回答するように求めた。

(a) 内面を気づかれたくない意識：内面を気づかれたくない理由の操作チェックとして、以下の二つに回答するように求めた。まず、大学院生ではないことを気づかれたくない程度に関する項目（"自分が院生ではないことを気づかれたくないと思った"、"隠し事をしていることを気づかれないようにしたいと思った"の2項目）に、"1．全く当てはまらない"、"2．あまり当てはまらない"、"3．やや当てはまらない"、"4．どちらともいえない"、"5．やや当てはまる"、"6．かなり当てはまる"、"7．非常に当てはまる"の7件法で回答するように求めた（以下、7件法尺度の選択肢は同一である）。続いて、内面を気づかれないことの自己に対する重要性について、"院生でないことを気づかれないことが自分にとって重要であると思った"の1項目に、7件法で回答するように求めた。

(b) 懸念的被透視感：デブリーフィングの際に、"2番目に面接を受けに来た人に質問されたとき、どの程度、自分は本当は大学院生でないことを気づかれているかもしれないと感じましたか"の1項目に、"1．全く感じなかった"、"2．ほんの少し感じた"、"3．やや感じた"、"4．かなり強く感じた"、"5．非常に強く感じた"の5件法で回答するように求めた。また、面接後に、"自分が院生ではないことを気づかれていたように思う"の1項目に、7件法で回答するように求めた。

(c) 焦り：懸念的被透視感と焦りとの関連を確認するため、面接後に、面接中に感じていた焦りの程度に関する項目（"焦りを感じた"、"動揺していた"、"緊張していた"の3項目）に、7件法で回答するように求めた。

(d) 自己の公的側面への注意の程度：面接後に、"相手に見られる姿が気になっていた"の1項目に、7件法で回答するように求めた。

5．言語的方略の分類

　懸念的被透視感の喚起後の言語的方略について検討するために、実験参加者が二人目の実験協力者の"恋愛のクリスマス効果"に回答した場面の映像から、心理学を専攻する3名の大学生が言語的方略の分類カテゴリーを作成した。作成されたカテゴリーと例を、Table 7-8 に示す。具体的な分類カテゴリーは、想起不可、曖昧化、無関係性の主張、自己責任、適当な説明であった。そして、二人目の実験協力者の"恋愛のクリスマス効果"の質問に回答した場面の映像を、別の2名の評定者（大学生）に示し、分類するように求めた[15]（一致率92.9％）。分類されたカテゴリーが不一致だった場合は、両者の協議により再分類するように求めた。

Table 7-8　言語的方略のカテゴリーと例

言語的方略	例
想起不可	知っているけれど忘れてしまいました
曖昧化	面接以外のことにはお答えできません
無関係性の主張	専門分野ではありません
自己責任	勉強不足ですみません
適当な説明	恋愛のクリスマス効果とは……

6．言語内容の印象評定

　研究の目的を知らない5名の評定者（男性2名、女性3名、言語的方略を分類した評定者とは異なる）が個別に印象評定を行った。二人目の実験協力者の"恋愛のクリスマス効果"の質問に回答した場面のみの映像を呈示し、印象評定をするように求めた[16]。映像の順序はランダムにした。評定の際には、言語内容に着目するように告げた。そして、的確さ（"質問に対して的確な回答をしていた"）、冗長さ（"質問に対する答えが必要以上に長く感じた"）、曖昧さ（"答えに曖昧な表現が含まれていた"）、回答の回避（"質問に答えるのを避けていた"）の項目に、7件法で回答するように求めた。それぞれ55名分すべてを評定するように求めた。分析には評定者の平均値を用いた[17]。

7．非言語的反応

　研究4で用いられた、話し方、身体の動き、視線、表情に関する指標を測定した（それぞれの測定指標の定義は Table 7-1 を参照）。反応の測定は、イベントレコーダーソフトの sigsaji（荒川・鈴木, 2004）の使用法について事前にトレーニングを受けた1名の測定者が行った。反応が測定されたのは、(a) 一人目の実験協力者の質問に回答した場面、(b) 懸念的被透視感の喚起操作直後の10秒間、(c) 懸念的被透視感の喚起操作後の、二人目の実験協力者の"恋愛のクリスマス効果"の質問に回答した場面であった。このうち、(a) と (c) が懸念的被透視感による反応の変化の比較として、(b) が懸念的被透視感の喚起操作直後の反応として測定された。測定された反応は、(a) と (c) については、研究4で用いられた、話し方、身体の動き、視線、表情に関する指標であった。(b) については、実験参加者が回答し始める前の場面であったため、話し方に関する指標は測定しなかった。測定は一週間空けて2回行われ、分析には2回の平均値を用いた[18]。分析の際には、時間の指標は対数変換した。また、実験参加者によって測定時間が異なるため、回数の指標は表出された回数を30秒単位に換算し、分析に用いた。

第3項　結果

1．操作チェック

　内面を気づかれたくない程度の2項目については、懸念的被透視感の喚起前（$r=.67, p<.001$）、喚起後（$r=.38, p<.01$）において有意な相関がみられたため、それぞれ2項目の平均値を算出した。実験条件ごとの内面を気づかれたくない理由の操作チェックに関する項目の平均値を Table 7-9 に示す。それぞれの項目について、内面を気づかれたくない理由と懸念的被透視感を要因とする分散分析を行った。ともに懸念的被透視感の主効果が有意であり、喚起後の方が喚起前よりも得点が高かった。また、ともに内面を気づかれたくない理由の主効果が有意であったため、多重比較（TukeyのHSD法）を行った。下位検定の結果は以下の二点に整理される。(a) 内面を気づかれたくない程度は、自己利益条件、他者配慮条件が、説明なし条件よりも得点

Table 7-9 実験条件ごとの内面を気づかれたくない理由の操作チェックに関する項目の平均値（標準偏差）とF値

懸念的被透視感	内面を気づかれたくない理由						F値		
	自己利益		他者配慮		説明なし		理由	懸念的被透視感	交互作用
	喚起前	喚起後	喚起前	喚起後	喚起前	喚起後			
気づかれたくない程度	5.71 (0.79)	6.00 (0.73)	5.83 (0.87)	6.31 (0.89)	4.69 (1.49)	5.19 (0.97)	8.81** (自, 他>なし)	10.24**	0.26
気づかれないことの自己に対する重要性	5.84 (1.01)	6.16 (1.07)	4.56 (1.89)	4.89 (2.05)	3.83 (1.65)	4.50 (1.65)	6.70** (自>他, なし)	30.37***	2.04

**$p<.01$, ***$p<.001$.

が高かった。(b) 内面を気づかれないことの自己に対する重要性は、自己利益条件が、他者配慮条件、説明なし条件よりも得点が高かった。以上の結果から、自己利益条件、他者配慮条件とも、気づかれたくない意識が高められており、自己利益条件では気づかれないことの自己に対する重要性が高く認識されていたと解釈される。したがって、内面を気づかれたくない理由の条件操作の有効性が確認された。

懸念的被透視感の喚起操作の有効性を確認するために、懸念的被透視感得点を求めた。実験条件ごとの懸念的被透視感の平均値を Table 7-10 に示す。全体の平均が $M=4.24$ ($SD=0.84$) であり、すべての条件において高い値が得られた。したがって、懸念的被透視感の喚起操作の有効性が確認された。また、内面を気づかれたくない理由の条件間で有意差はみられなかった ($F(2, 52)=0.62, ns$)。

また、懸念的被透視感の喚起後になって懸念的被透視感が高まったことを確認するため、"自分が院生ではないことを気づかれていたように思う"の 1 項目について、内面を気づかれたくない理由と懸念的被透視感を要因とする分散分析を行ったその結果、面接の主効果のみが有意で ($F(1, 52)=250.58$,

Table 7-10 実験条件ごとの懸念的被透視感の平均値（標準偏差）とF値

	内面を気づかれたくない理由			F値
	自己利益	他者配慮	説明なし	
懸念的被透視感	4.32 (0.95)	4.33 (0.77)	4.06 (0.80)	0.62

$p<.001$)、喚起後（$M=6.45$, $SD=0.84$）の方が喚起前（$M=3.58$, $SD=1.33$）より得点が高かった。したがって、懸念的被透視感の喚起後になって懸念的被透視感が高まったと推察される。

懸念的被透視感が覚醒水準を高めたことを間接的に確認するため、焦りに関する3項目について、懸念的被透視感の喚起前、喚起後ごとに主成分分析を行った。その結果、すべての項目の第一主成分に対する負荷量の絶対値が.86以上であったため、3項目を合算して項目数で除算した得点を算出した（$\alpha=.82$, .84）。実験条件ごとの焦り得点の平均値をTable 7-11に示す。

懸念的被透視感が覚醒水準を高めた可能性があることは、以下の二点から示唆される[19]。(a) 懸念的被透視感の喚起後における焦り得点と、懸念的被透視感の強さには有意な正の相関がみられた（$r=.34$, $p<.05$）。(b) 内面を気づかれたくない理由と懸念的被透視感を要因とする分散分析を行ったところ、懸念的被透視感の主効果が有意であり（$F(2, 52)=4.43$, $p<.05$）、喚起後の方が喚起前よりも焦り得点が高かった。また、内面を気づかれたくない理由の主効果が有意であった（$F(2, 52)=5.43$, $p<.01$）。多重比較（TukeyのHSD法）の結果、他者配慮条件が説明なし条件よりも焦り得点が高かった。

実験条件ごとの自己の公的側面への注意の平均値をTable 7-12に示す。

Table 7-11　実験条件ごとの焦り得点の平均値（標準偏差）と F 値

懸念的被透視感	自己利益 喚起前	自己利益 喚起後	他者配慮 喚起前	他者配慮 喚起後	説明なし 喚起前	説明なし 喚起後	理由	懸念的被透視感	交互作用
焦り	5.25 (1.12)	5.25 (1.32)	5.24 (1.15)	5.81 (0.86)	4.24 (1.16)	4.74 (1.29)	5.43** (他>なし)	4.43*	1.14

*$p<.05$, **$p<.01$.

Table 7-12　実験条件ごとの自己の公的側面への注意の平均値（標準偏差）と F 値

懸念的被透視感	自己利益 喚起前	自己利益 喚起後	他者配慮 喚起前	他者配慮 喚起後	説明なし 喚起前	説明なし 喚起後	理由	懸念的被透視感	交互作用
自己の公的側面への注意	4.95 (1.61)	4.95 (1.61)	4.67 (1.53)	4.78 (1.66)	4.17 (1.62)	4.11 (1.57)	1.43	0.01	0.10

内面を気づかれたくない理由と懸念的被透視感を要因とする分散分析を行った。その結果、主効果、交互作用ともに有意ではなかった。

2．実験条件ごとの言語的方略

"恋愛のクリスマス効果"に回答した場面の言語的方略を分類した結果、すべての条件において、自己責任の言語的方略が最も多くみられた。一方、適当な説明の言語的方略は少なかった（自己利益条件2名、説明なし条件1名）ため、適当な説明を除いた残りの四つの言語的方略について、実験条件間で比較した。実験条件ごとの言語的方略の割合を Table 7-13 に示す。実験条件による言語的方略の違いを調べるために χ^2 検定を行ったところ、有意差がみられた（$\chi^2(6)=14.81, p<.05$）。残差分析の結果、他の条件と比べ、自己利益条件では想起不可の言語的方略が多く、他者配慮条件では曖昧化の言語的方略が多くみられることが示された。一方、説明なし条件では自己責任の言語的方略が多く、想起不可や曖昧化といった言語的方略はみられなかった。

Table 7-13　実験条件ごとの言語的方略の割合（%）

		想起不可	曖昧化	無関係性の主張	自己責任
自己利益	割合	29.4	17.6	11.8	41.2
	残差	2.35*	0.05	-0.95	-0.89
他者配慮	割合	11.1	33.3	16.7	38.9
	残差	-0.36	2.22*	-0.34	-1.17
説明なし	割合	0.0	0.0	29.4	70.6
	残差	-1.98*	-2.30*	1.30	2.07*

*$p<.05$.
注）適当な説明に分類された3名（自己利益2名、説明なし1名）は除く。

3．実験条件ごとの言語内容の印象

言語内容の印象評定項目の相関係数を Table 7-14 に示す。的確さと回答の回避、冗長さと曖昧さに有意な相関がみられた。また、実験条件ごとの言語内容の印象評定項目の平均値を Table 7-15 に示す。言語内容の印象評定の4項目について、内面を気づかれたくない理由を要因とする分散分析を行った。しかし、いずれの項目も有意差はみられなかった。

Table 7-14 言語内容の印象評定項目の相関係数 (N=55)

	冗長さ	曖昧さ	回答の回避
的確さ	-.26+	-.19	-.57***
冗長さ	—	.53***	-.22+
曖昧さ		—	-.23+
回答の回避			—

+$p<.10$, ***$p<.001$.

Table 7-15 実験条件ごとの言語内容の印象評定項目の平均値 (標準偏差) と F 値

	内面を気づかれたくない理由			F 値
	自己利益	他者配慮	説明なし	
的確さ	4.68 (0.62)	4.26 (0.80)	4.59 (0.72)	1.79
冗長さ	2.96 (1.09)	3.44 (1.09)	3.19 (1.27)	0.83
曖昧さ	4.23 (0.78)	4.27 (0.87)	4.21 (1.18)	0.02
回答の回避	3.89 (0.84)	4.20 (0.93)	3.80 (0.88)	1.02

4．実験条件ごとの非言語的反応

条件間の非言語的反応を比較するために、実験協力者からの質問に答える場面、懸念的被透視感の喚起操作直後の場面について検討した。以下、それぞれの結果を示す。

実験協力者からの質問に答える場面における実験条件ごとの非言語的反応の平均値を Table 7-16 に示す。測定された非言語的反応を従属変数として、内面を気づかれたくない理由と懸念的被透視感を要因とする分散分析を行った。言語的方略の主効果がみられた項目には多重比較（Tukey の HSD 法）、交互作用がみられた項目には単純主効果検定を行った。その結果、沈黙した割合、まばたきをした回数は交互作用が有意であり、自己接触の回数には交互作用に有意傾向がみられた。得られた結果は以下の四点に整理される。(a) 自己利益条件のみで、懸念的被透視感の喚起後に、沈黙した割合が有意に増加した（$F(1, 52)=11.09$, $p<.01$）(Figure 7-11)。(b) まばたきをした回数（Figure 7-12）は、懸念的被透視感の喚起前において、内面を気づかれた

第7章　懸念的被透視感による反応——実験的アプローチによる検討——

Table 7-16　実験協力者からの質問に答える場面における実験条件ごとの非言語的反応の平均値（標準偏差）と F 値

懸念的被透視感	内面を気づかれたくない理由						F 値		
	自己利益		他者配慮		説明なし		理由	懸念的被透視感	交互作用
	喚起前	喚起後	喚起前	喚起後	喚起前	喚起後			
話し方									
答えるまでの時間	1.11 (1.72)	3.24 (4.68)	1.39 (2.23)	4.31 (8.61)	0.24 (0.56)	3.06 (4.16)	1.25	14.76***	0.43
答えていた時間	8.80 (5.36)	25.24 (13.50)	11.54 (5.51)	27.58 (16.43)	10.43 (5.57)	28.44 (21.15)	1.01	135.87***	0.97
沈黙した割合	0.03 (0.08)	0.21 (0.20)	0.07 (0.11)	0.12 (0.18)	0.11 (0.20)	0.09 (0.16)	0.27	5.07*	3.33*
言い直しの回数	0.23 (1.02)	0.87 (0.94)	0.54 (1.75)	0.88 (1.23)	0.16 (0.46)	0.61 (0.93)	0.60	7.15**	0.25
間を持たす発言の回数	2.98 (3.27)	2.60 (2.63)	1.60 (1.38)	1.90 (1.19)	2.01 (2.36)	1.16 (1.13)	2.76+	0.70	0.82
身体の動き									
自己接触の回数	2.07 (2.66)	2.46 (2.90)	0.17 (0.51)	2.00 (1.85)	1.34 (1.67)	1.32 (0.96)	3.22*	4.53*	2.61+
手を動かした回数	3.18 (3.17)	2.01 (2.00)	3.25 (2.32)	1.38 (1.57)	2.69 (2.38)	1.59 (1.79)	0.34	11.42**	0.35
胴体を動かした回数	1.40 (2.18)	1.72 (2.28)	1.05 (1.57)	0.80 (0.97)	1.70 (2.15)	1.07 (1.43)	1.30	0.26	0.57
視線									
視線をそらした割合	0.44 (0.26)	0.45 (0.23)	0.46 (0.22)	0.40 (0.27)	0.48 (0.25)	0.30 (0.26)	0.57	2.66	1.39
まばたきの回数	25.90 (7.55)	17.83 (5.37)	21.33 (7.71)	18.27 (7.15)	19.77 (3.18)	18.98 (10.18)	1.15	9.89**	3.41*
表情									
眉間にしわを寄せた回数	0.58 (1.48)	0.90 (1.19)	0.13 (0.55)	0.78 (1.53)	0.21 (0.87)	0.55 (0.75)	1.04	4.29*	0.25

+$p<.10$, *$p<.05$, **$p<.01$, ***$p<.001$.
注）時間の指標は対数変換前の値（単位は秒）、回数の指標は 30 秒単位に換算した値である。

くない理由の主効果が有意であり（$F(2, 52)=4.67, p<.05$）、自己利益条件では説明なし条件よりも回数が多かった。また、自己利益条件のみで、懸念的被透視感の喚起後に、回数が有意に減少した（$F(1, 52)=15.21, p<.001$）。（c）自己接触の回数（Figure 7-13）は、懸念的被透視感の喚起前において、内面を気づかれたくない理由の主効果が有意であり（$F(2, 52)=4.94, p<.05$）、他者配

105

第Ⅱ部　実証的研究

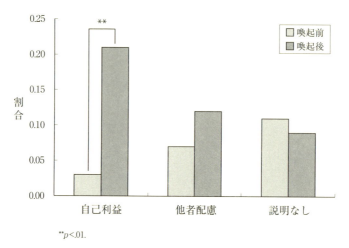

**p<.01.

Figure 7-11　実験条件ごとの沈黙した割合

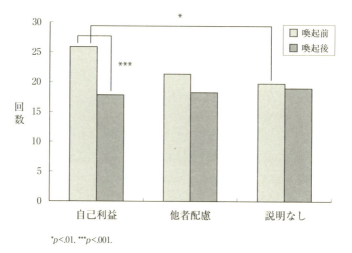

*p<.01, ***p<.001.

Figure 7-12　実験条件ごとのまばたきの回数

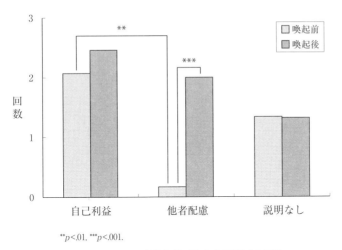

Figure 7-13　実験条件ごとの自己接触の回数

慮条件では自己利益条件よりも回数が少なかった。また、他者配慮条件のみで、懸念的被透視感の喚起後に、回数が有意に増加した（$F(1, 52)=9.24$, $p<.001$）。(d) 交互作用に有意差、有意傾向がみられなかった指標においては、五つの指標において懸念的被透視感の主効果がみられた。懸念的被透視感の喚起後に、答えるまでの時間、答えていた時間、言い直しの回数、眉間にしわを寄せた回数が増加し、手を動かした回数は減少していた。

　懸念的被透視感の喚起操作直後の場面における実験条件ごとの非言語的反応の平均値を Table 7-17 に示す。測定された非言語的反応について、内面を気づかれたくない理由を要因とする分散分析を行った。しかし、いずれの指標も有意差はみられなかった。

5．非言語的反応の特徴

　非言語的反応の特徴について検討するため、"恋愛のクリスマス効果"に答える場面と、懸念的被透視感の喚起操作直後のそれぞれについて、非言語的反応の相関係数を算出した。併せて、懸念的被透視感の喚起後における内面を気づかれたくない意識の高さ、懸念的被透視感の強さと、非言語的反応

Table 7-17　懸念的被透視感の喚起操作直後の場面における実験条件ごとの非言語的反応の平均値（標準偏差）と F 値

	内面を気づかれたくない理由			F 値
	自己利益	他者配慮	説明なし	
身体の動き				
自己接触の回数	0.74 (1.15)	0.33 (0.59)	0.22 (0.55)	2.04
手を動かした回数	0.68 (0.67)	0.56 (0.86)	0.67 (0.69)	0.16
胴体を動かした回数	0.87 (0.76)	0.72 (0.55)	0.67 (0.97)	0.33
視線				
視線をそらした時間	2.93 (2.46)	3.06 (2.96)	2.79 (3.15)	0.04
まばたきの回数	7.58 (2.83)	7.67 (2.95)	8.14 (4.94)	0.12
表情				
眉間にしわを寄せた回数	0.26 (0.56)	0.50 (0.71)	0.33 (0.59)	0.70

との相関係数も算出した。相関係数の値を Table 7-18 と Table 7-19 に示す。なお、"恋愛のクリスマス効果"に回答した場面における内面を気づかれたくない意識と、懸念的被透視感には有意な相関がみられなかった（$r=.08$, ns）。得られた結果は以下のように整理される。(a) 懸念的被透視感と視線を回避した割合、沈黙した割合に有意な正の相関が得られた[20]。(b) 内面を気づかれたくない意識と有意な相関がみられた指標はなかった。(c) 沈黙した割合と視線を回避した割合、間を持たす発言の回数と手を動かした回数、自己接触と胴体を動かした回数には、特に強い正の相関がみられた。また、懸念的被透視感の喚起操作直後には、胴体を動かした回数と視線を回避した割合に特に強い正の相関がみられた。

6. 言語的方略ごとの言語内容の印象

これまでの分析において、内面を気づかれたくない理由の条件によって、言語内容の印象や非言語的反応には大きな違いはみられていない。そのため、"恋愛のクリスマス効果"の質問に対する言語的方略が、言語内容の印

Table 7-18　"恋愛のクリスマス効果"に答える場面における非言語的反応と状況的変数との相関係数 (N=55)

	懸念的被透視感	答えるまで	答え	沈黙	言い直し	間を持たす発言	自己接触	手	胴体	視線回避	まばたき	眉間のしわ
気づかれたくない意識	.08	-.02	-.01	.17	.13	.16	.16	.11	-.05	.08	-.15	-.15
懸念的被透視感	—	.09	.23+	.35**	-.01	-.11	-.02	-.18	-.13	.43**	-.01	.13
答えるまで		—	-.02	-.00	.12	.32*	.23+	.12	-.10	.14	.07	.37**
答え			—	.41**	.28*	.07	-.03	.14	-.01	.33*	-.12	-.16
沈黙				—	-.07	.10	-.10	.05	.19	.54***	-.19	-.00
言い直し					—	.19	.19	-.05	.26+	.07	-.07	.07
間を持たす発言						—	.23+	.43***	.16	.18	.02	.08
自己接触							—	.13	.51***	.08	-.11	.24+
手								—	.25+	.14	-.16	-.11
胴体									—	.13	-.19	.11
視線回避										—	-.22+	.19
まばたき											—	.29*
眉間のしわ												—

+p<.10, *p<.05, **p<.01, ***p<.001.

Table 7-19 懸念的被透視感の喚起操作直後の場面における非言語的反応と状況的変数との相関係数 (N=55)

	懸念的被透視感	自己接触	手	胴体	視線回避	まばたき	眉間のしわ
気づかれたくない意識	.08	.23⁺	.14	.19	.15	-.17	-.16
懸念的被透視感	—	.06	-.04	.11	.34*	.09	.15
自己接触		—	.05	.33*	.11	-.13	.12
手			—	.18	.26⁺	-.19	-.11
胴体				—	.47***	-.15	.02
視線回避					—	-.02	-.10
まばたき						—	.19
眉間のしわ							—

⁺$p<.10$, *$p<.05$, ***$p<.001$.

象や非言語的反応に影響している可能性が考えられる。そこで、"恋愛のクリスマス効果"の質問に対する言語的方略を条件とした、付加的な分析を行った[21]。なお、それぞれの言語的方略を用いた人数は、想起不可は7名、曖昧化は9名、無関連性の主張は10名、自己責任は26名、適当な説明は3名であった。適当な説明に分類された人数が少ないことから、以降の分析では、適当な説明を除いた四つの言語的方略に着目して分析を行った。

言語的方略ごとの言語内容の印象評定項目の平均値をTable 7-20に示す。言語的方略を要因とし、言語内容の印象評定の4項目について分散分析

Table 7-20 言語的方略ごとの言語内容の印象評定項目の平均値（標準偏差）と F 値

	言語的方略				F 値
	想起不可	曖昧化	無関係性の主張	自己責任	
的確さ	4.23 (0.57)	4.15 (0.94)	4.13 (0.50)	4.75 (0.62)	3.48*
冗長さ	3.91ᵃ (1.43)	3.29ᵃᵇ (0.96)	3.64ᵃᵇ (1.44)	2.70ᵇ (0.74)	3.66*
曖昧さ	4.54 (0.53)	3.93 (0.96)	4.48 (1.28)	4.07 (0.86)	1.01
回答の回避	3.94ᵃᵇ (0.65)	4.69ᵃ (0.93)	4.20ᵃᵇ (0.59)	3.82ᵇ (0.77)	3.09*

*$p<.05$.
注) 適当な説明に分類された3名は除く。異なる添え字を持つ群の平均値の差は統計的に有意である ($\alpha=.05$)。

を行った。有意差がみられた項目には多重比較（TukeyのHSD法）を行った。分散分析と多重比較の結果は以下のように整理される。(a) 想起不可の言語的方略は自己責任よりも、冗長な印象を与えた。(b) 曖昧化の言語的方略は自己責任よりも、回答を避けた印象を与えた。

7．言語的方略ごとの非言語的反応

懸念的被透視感の喚起後の非言語的反応が、"恋愛のクリスマス効果"の質問に対する言語的方略によって異なる可能性も考えられる。そこで、実験協力者からの質問に答える場面における、言語的方略ごとの非言語的反応について検討した[22]。言語的方略ごとの非言語的反応の平均値をTable 7-21に示す。測定された非言語的反応を従属変数として、言語的方略と懸念的被透視感を要因とする分散分析を行った。言語的方略の主効果がみられた項目には多重比較（TukeyのHSD法）、交互作用がみられた項目には単純主効果検定を行った。その結果、言い直しの回数、自己接触の回数、眉間にしわを寄せた回数は交互作用が有意であった。また、答えていた時間の交互作用に有意傾向がみられた。得られた結果は以下の三点に整理される。(a) 想起不可において、懸念的被透視感の喚起後に、言い直しの回数（$F(1, 48)=9.14$, $p<.01$）（Figure 7-14）、自己接触の回数（$F(1, 48)=9.95$, $p<.01$）（Figure 7-15）、眉間にしわを寄せた回数（$F(1, 48)=14.84$, $p<.001$）（Figure 7-16）が増加した。また、懸念的被透視感の喚起後において、自己接触の回数は、言語的方略の主効果が有意であり（$F(3, 48)=5.75$, $p<.01$）、想起不可は無関係性の主張や自己責任よりも回数が多かった。眉間にしわを寄せた回数も、懸念的被透視感の喚起後において、言語的方略の主効果が有意であり（$F(3, 48)=4.30$, $p<.01$）、想起不可は他の方略よりも回数が多かった。(b) 曖昧化において、懸念的被透視感の喚起後に、言い直しの回数（$F(1, 48)=7.44$, $p<.01$）、自己接触の回数（$F(1, 48)=5.49$, $p<.01$）が増加した。(c) 交互作用に有意差、有意傾向がみられなかった指標においては、四つの指標において懸念的被透視感の主効果がみられた（実験条件と懸念的被透視感を要因とする分散分析の結果を参照）。

第Ⅱ部　実証的研究

Table 7-21　実験協力者からの質問に答える場面における言語的方略ごとの非言語的反応の平均値（標準偏差）とF値

懸念的被透視感	想起不可		曖昧化		無関係性の主張		自己責任		言語的方略	F値 懸念的被透視感	交互作用
	喚起前	喚起後	喚起前	喚起後	喚起前	喚起後	喚起前	喚起後			
話し方											
答えるまでの時間	0.61 (0.79)	10.64 (13.47)	1.00 (1.68)	2.72 (2.40)	1.03 (2.75)	3.00 (4.46)	0.86 (1.36)	2.12 (2.93)	1.89	18.99***	1.97
答えていた時間	9.32 (8.96)	27.00 (15.57)	10.17 (3.84)	33.39 (16.11)	11.08 (5.01)	35.10 (24.73)	10.13 (5.57)	20.46 (11.24)	1.94	130.37***	2.52+
沈黙した割合	0.00 (0.00)	0.16 (0.18)	0.11 (0.14)	0.16 (0.27)	0.03 (0.06)	0.18 (0.17)	0.08 (0.17)	0.10 (0.13)	0.54	6.32*	1.16
言い直しの回数	0.00 (0.00)	1.42 (0.69)	0.00 (0.00)	1.13 (1.31)	0.86 (2.23)	0.70 (1.15)	0.33 (1.02)	0.54 (0.94)	0.40	11.17**	3.44*
間を持たす発言の回数	2.96 (4.47)	2.30 (1.63)	3.34 (2.16)	2.58 (2.23)	1.55 (2.19)	2.12 (1.03)	1.89 (2.08)	1.34 (2.05)	1.66	0.64	0.51
身体の動き											
自己接触の回数	1.69 (2.22)	4.48 (2.83)	0.98 (2.17)	2.38 (2.98)	2.32 (2.79)	0.85 (0.65)	0.56 (1.28)	1.63 (1.39)	3.27* (想>目)	6.69*	5.12**
手を動かした回数	3.11 (3.26)	1.29 (1.51)	2.52 (2.27)	2.14 (1.64)	3.82 (3.45)	1.80 (1.46)	2.93 (2.44)	1.32 (1.99)	0.39	9.23**	0.54
胴体を動かした回数	1.18 (3.13)	2.66 (3.02)	1.45 (1.50)	0.92 (0.92)	1.64 (1.88)	0.53 (0.87)	1.26 (1.93)	1.05 (1.46)	0.81	0.05	1.31
視線											
視線をそらした割合	0.39 (0.34)	0.55 (0.32)	0.59 (0.11)	0.39 (0.27)	0.50 (0.23)	0.39 (0.24)	0.42 (0.25)	0.32 (0.22)	1.49	1.56	1.54
まばたきの回数	21.68 (9.58)	17.76 (7.75)	25.46 (7.05)	18.63 (8.71)	20.96 (7.97)	19.68 (4.87)	21.33 (6.25)	18.11 (8.81)	0.36	6.32*	0.54
表情											
眉間にしわを寄せた回数	0.00 (0.00)	2.10 (2.30)	0.26 (0.78)	0.40 (0.70)	0.00 (0.00)	0.28 (0.48)	0.44 (1.32)	0.71 (0.94)	2.08	9.57**	3.35*

+p<.10, *p<.05, **p<.01, ***p<.001.
注）時間の指標は対数変換前の値（単位は秒），回数の指標は30秒単位に換算した値である。

112

第7章 懸念的被透視感による反応——実験的アプローチによる検討——

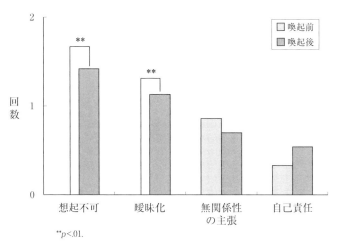

**p<.01.

Figure 7-14 言語的方略ごとの言い直しの回数

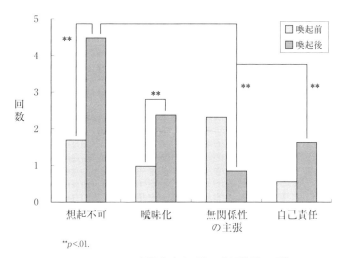

**p<.01.

Figure 7-15 言語的方略ごとの自己接触の回数

第Ⅱ部　実証的研究

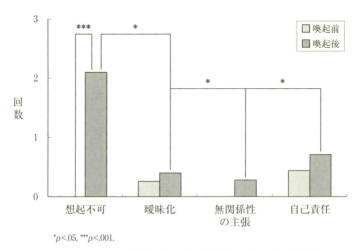

*p<.05, ***p<.001.

Figure 7-16　言語的方略ごとの眉間にしわを寄せた回数

第4項　考察

　研究5の目的は、懸念的被透視感を喚起する実験的操作によって生起する反応を測定する方法により、内面を気づかれたくない理由が懸念的被透視感による反応に与える影響について検討することであった。以下、得られた結果について整理、考察する。

1．言語的方略

　言語的方略については、内面を気づかれたくない理由に対応した言語的方略が用いられやすいと予測した。具体的には、内面を気づかれたくない理由が自己利益的な条件では、自己の能力や利益を守る言語的方略が用いられやすく（仮説1）、他者配慮的な条件では、他者を気遣う言語的方略が用いられやすい（仮説2）と予測した。言語的方略を分類した結果、質問された言葉を知識不足で知らないことを認める自己責任の言語的方略が最も多くみられた。しかし、条件間で用いられた言語的方略に違いがみられた。具体的には、自己利益条件では、質問された言葉を知っていることを述べる想起不可

の言語的方略が多くみられた。これは、自己利益的な理由の教示により、自分の能力を低く思われないように動機づけられたためであると想定される。一方、他者配慮条件では、状況全体を曖昧にしてごまかそうとする曖昧化の言語的方略が多くみられた。これは、他者配慮的な理由の教示により、実験者に配慮しようと動機づけられたためであると想定される。そして、説明なし条件では、自己責任の言語的方略が多くみられ、想起不可や曖昧化といった言語的方略はみられなかった。以上の結果は、仮説1、仮説2を支持する結果であり、内面を気づかれたくない理由に対応した言語的方略が用いられやすいことが示されたと解釈される。

2．言語内容の印象

　言語内容の印象は、内面を気づかれたくない理由の条件間では差がみられなかった。しかし、言語的方略によって、言語的反応の印象に違いがみられた。具体的には、想起不可の言語的方略は自己責任の言語的方略と比べ、冗長であると評定され、また、曖昧化の言語的方略は自己責任の言語的方略と比べ、話題を避けていると評定された。回答が冗長になることは、会話の公準における量の公準（適切な量を話せ）を逸脱し、発話内容が欺瞞的な印象を他者に与える可能性があるとされる（Grice, 1975）。また、冗長性と関係すると考えられる、明瞭性、簡潔性の低さは、発言の欺瞞的な評価との関係がみられている（Stiff & Miller, 1986）。したがって、回答が冗長になると、発言内容が欺瞞的な印象を他者に与えると考えられる。一方、話題を避けた印象については、他者の話題からの回避が隠し事をしていると思う手がかりとなる（Tabata, 2010）ことから、隠し事をしている印象を他者に与える可能性が示唆される。

　言語的方略と言語的反応の印象評定について得られた結果を統合すると、内面を気づかれたくない理由は、言語的反応の印象に間接的に影響を与えると解釈される。具体的には、内面を気づかれたくない理由が、自己利益的な理由のときには、想起不可の言語的方略が用いられやすく、その結果、回答が冗長な印象を他者に与えやすくなると解釈される。一方、他者配慮的な理由のときには、責任回避の言語的方略が用いられやすく、その結果、回答が

回避的な印象を他者に与えやすくなると解釈される。

なお、研究5では、内面を気づかれたくない意識が高いと、話題からの回避が生じやすいことを示唆する結果も得られた。具体的には、話題を避けている印象を与えやすい曖昧化の言語的方略が多く用いられた他者配慮条件では、説明なし条件と比べ、本当は大学院生ではないことを気づかれたくない意識が高かった。内面を気づかれたくない意識が高いと、話題からの回避が生じやすい可能性は、制御理論（Carver, 1979; Carver & Scheier, 1981, 1998）に基づく想定（第3章第2節）と整合しており、また、研究1においても示唆されている。

3．非言語的反応

非言語的反応は、実験協力者からの質問に答える場面、懸念的被透視感の喚起操作直後の場面について検討した。また、非言語的反応と、懸念的被透視感や内面を気づかれたくない意識の高さとの関係についても検討した。以下、得られた結果について整理、考察する。

実験協力者からの質問に答える場面においては、内面を気づかれたくない理由の非言語的反応の違いは部分的なものであった。このうち、自己利益条件で懸念的被透視感の喚起後に沈黙が増加した理由としては、"恋愛のクリスマス効果"の説明を考えようとしたことが影響した可能性が考えられる。続いて、言語的方略による非言語的反応の違いについて検討したところ、想起不可の言語的方略を用いた実験参加者においては、懸念的被透視感の喚起後に、言い直しの回数、自己接触の回数、眉間にしわを寄せた回数が増加していた。この理由としては、想起不可の言語的方略が他の方略と比べ、欺瞞性の高い言語的方略であったことが影響したと考えられる。想起不可の言語的方略は、知らないことを知っていると積極的に嘘をつく方略であり、他の方略と比べ、欺瞞的な情報をより多く含んでいると推察される。実際に、前述した通り、想起不可の言語的方略は冗長であると評定されたことから、発言内容が欺瞞的な印象を他者に与える可能性があると考えられる。また、研究5で扱われた焦りを反映すると想定される非言語的反応は、嘘をつく際の特徴的な反応であるため、想起不可の言語的方略を用いた者は、嘘をつく際

の特徴的な反応を多く表出したと想定される。これらの結果から、内面を気づかれたくない理由が自己利益的な理由であると、想起不可の言語的方略が多くなり、それに付随して、身体の動きや表情に、焦りを反映すると想定される非言語的反応を多く表出しやすくなると推察される。

また、懸念的被透視感の喚起操作によって、それぞれの部位の反応が増加していた。研究4の結果を援用すると、この理由は、面接者の役割が認知的負荷の高い自己呈示となったために認知的資源が消費され、懸念的被透視感を感じた際に、焦りを反映すると想定される非言語的反応が抑制されずに多く表出されたためであると推察される。

懸念的被透視感の喚起操作直後の場面においては、非言語的反応に対する内面を気づかれたくない理由の影響はみられなかった。一方、研究4では、同様の場面での非言語的反応に認知的負荷の影響がみられていた（第2節）。以上のことから、懸念的被透視感の喚起操作直後の非言語的反応には、主に認知的負荷が影響すると解釈される。

また、非言語的反応と懸念的被透視感の強さとの関係について検討した結果、研究4と同様に、視線をそらした割合と懸念的被透視感に有意な正の相関がみられた。研究4、研究5の結果を併せると、懸念的被透視感を強く感じると、視線をそらしやすいと解釈される。この理由としては、視線を回避することは他者との相互作用をやめようとする兆候とされている（Richmond & McCroskey, 2004＝山下〈編訳〉, 2006）ことから、相互作用を回避しようとする反応が視線行動に表れやすいためであると想定される。一方、非言語的反応と内面を気づかれたくない意識については有意な相関がみられなかったことから、内面を気づかれたくない意識の強さは非言語的反応の表出に直接的には影響しないと推察される。

第3節　本章のまとめ

本章では、本研究の第二の検討点である、懸念的被透視感による反応について、懸念的被透視感を喚起する実験的操作によって生起する反応を測定す

る、実験的アプローチによって検討した。

　研究4、研究5で明らかとなった、懸念的被透視感による反応に影響を与える要因と反応への影響は、Table 7-22 に整理される。懸念的被透視感による反応に影響を与える要因として、まず、懸念的被透視感自体が挙げられる。懸念的被透視感によって焦りが喚起されることで、焦りを反映すると想定される非言語的反応の表出が誘発されやすくなることが示唆された（研究4、研究5）。特に、懸念的被透視感が強いと、視線が回避されやすくなることが明らかとなった（研究4、研究5）。加えて、以下の三つの要因も挙げられる。一つ目は、認知的負荷である。認知的負荷がある場合には、懸念的被透視感が生じた際に、焦りを反映すると想定される非言語的反応が抑制されずに表出されやすくなり、また、的確さの低い発言がなされることが示された（研究4）。二つ目は、内面を気づかれたくない意識の高さである。内面を気づかれたくない意識が高いと、懸念的被透視感が生じた際に、話題からの回避が生じやすいと想定される結果が得られた（研究5）。三つ目は、内面を気づかれたくない理由である。懸念的被透視感が生じた際に、内面を気づかれたくない理由に対応した言語的方略が用いられやすいことが明らかとなった（研究5）。

Table 7-22　懸念的被透視感による反応に影響を与える要因と反応への影響

影響を与える要因	反応への影響
懸念的被透視感	焦りを反映した非言語的反応の誘発
認知的負荷	焦りを反映した非言語的反応の表出の促進 発言内容の的確さの低下
内面を気づかれたくない意識の高さ	話題からの回避
内面を気づかれたくない理由	理由に対応した言語的方略の使用

注
1　研究4は、太幡（2008, 2010b）において発表されている。
2　事前に大学生10名（男性7名、女性3名）に解答するように求め、5分間で3問程度正答できる難易度に調整した。
3　面接者は、視線や反応を一定にするように事前にトレーニングを受けた。
4　質問のカウンターバランスをとるため、半数の実験参加者には"困ったときの対処

法"と"日々の暮らしの中の工夫"の質問の順序を逆にした。
5 デブリーフィング後に、面接者が口頭で現在の怒りの程度について確認し、怒りを感じていた実験参加者がいないことを確認した。
6 時間に関する指標とまばたきの回数の測定者間の相関はすべて有意であり（rs＝.62 〜1.00）、その他の指標の一致率も高かった（88.3〜100.0％）。
7 それぞれの項目において、評定者間の評定値には正の相関が得られ（rs＝.15〜.66）、ほとんどの相関係数が有意（$p<.05$）であった。
8 懸念的被透視感を感じなかった者を分析対象から除外すると、懸念的被透視感と感情との関係に切断効果が生じる可能性が想定される。そのため、懸念的被透視感と感情の関係を検討する際にのみ、懸念的被透視感を感じなかったために分析から除外した7名を含めて分析を行った。
9 焦りは面接全体での感情を測定したものであるため、懸念的被透視感によって焦りが喚起されたことは直接的には確認できない。したがって、懸念的被透視感と焦りに関連があるという記述にとどめた。
10 研究5は、太幡（2009, 2010b）において発表されている。
11 実験参加者の年齢や服装が懸念的被透視感の強さに影響しないように、大学院生でも見た目が若い人がいること、自然な雰囲気で面接をしてもらうために服装を指定しなかったことも説明した。
12 実験協力者は、男女それぞれ2名の大学生（ともに3年生、21歳）であった。視線、話し方などについて、事前にトレーニングを受けていた。また、実験協力者の、面接に参加する順序と面接での心理テストの回答にはカウンターバランスをとった。
13 実験協力者は，一方が積極性高タイプ，もう一方が積極性低タイプになるように心理テストに回答した。
14 デブリーフィング後に、面接者が口頭で現在の怒りの程度について確認し、怒りを感じていた実験参加者がいないことを確認した。
15 いくつかの方略を組み合わせて発言している場合には、最も強調していた方略に分類するように教示した。
16 一人目の実験協力者の質問に対する回答は質問対応リストに回答が載っており、実験参加者の回答内容が同じであったため、印象評定をするようには求めなかった。
17 それぞれの項目において、評定者間の評定値には正の相関がみられ（rs＝.13〜.67）、ほとんどが有意（$p<.05$）であった。
18 時間に関する指標とまばたきの回数の評定者間の相関はすべて有意であり（rs＝.70〜1.00）、その他の指標の一致率も高かった（89.1〜100.0％）。
19 焦りはそれぞれの面接を通した感情を測定したものであるため、懸念的被透視感に

よって焦りが喚起されたことは直接的には確認できない。したがって、懸念的被透視感が覚醒水準を高めた可能性があるという記述にとどめた。

20 視線を回避した割合と沈黙した割合との間には有意な正の相関が得られたため、沈黙した割合を統制変数として、懸念的被透視感の強さと視線を回避した割合の偏相関係数を求めたところ、有意な正の相関がみられた（r_p=.31, $p<.05$）。一方、視線を回避した割合を統制変数として、懸念的被透視感の強さと沈黙した割合の偏相関係数を求めたところ、有意な相関はみられなかった（r_p=.15, ns）。

21 それぞれの言語的方略の特徴を確認するために、操作チェックで用いられたそれぞれの項目について、言語的方略と懸念的被透視感を要因とする分散分析を行った。得られた結果は以下のように整理される。(a) 気づかれたくない程度得点は言語的方略の主効果が有意であった（$F(3, 48)$=2.94, $p<.05$）。多重比較（Tukeyの HSD法）を行ったところ、曖昧化（M=6.42, SD=0.72）では自己責任（M=5.42, SD=0.82）よりも得点が高かった。また、懸念的被透視感の主効果も有意であり、喚起後（M=5.85, SD=0.99）の方が喚起前（M=5.40, SD=1.21）よりも得点が高かった。(b) 内面を気づかれないことの自己に対する重要性得点は交互作用が有意であった（$F(3, 48)$=2.99, $p<.05$）。単純主効果検定を行ったところ、想起不可（喚起前 M=5.29, SD=2.21；喚起後 M=5.43, SD=2.23）以外では、懸念的被透視感の喚起後（曖昧化 M=6.00, SD=1.80；無関係性の主張 M=4.80, SD=1.93；自己責任 M=4.88, SD=1.58）の方が喚起前（曖昧化 M=5.56, SD=1.67；無関係性の主張 M=3.90, SD=1.85；自己責任 M=4.54, SD=1.53）よりも得点が高かった。また、懸念的被透視感の主効果も有意であり、喚起後（M=5.13, SD=1.78）の方が喚起前（M=4.69, SD=1.75）よりも得点が高かった。(c) その他の得点については、有意な主効果、交互作用はみられなかった。

22 懸念的被透視感の喚起操作直後の場面における非言語的反応は、"恋愛のクリスマス効果"の質問に答える前の反応であることから、言語的方略ごとの非言語的反応の違いについては検討しなかった。

第8章

懸念的被透視感による反応
―調査的アプローチによる検討―

第1節　懸念的被透視感による反応に対する自己認識［研究6］[1]

第1項　問題

　研究6では、懸念的被透視感を感じた際の自己の反応に想起を求める方法により、懸念的被透視感による反応に対する自己認識を検討する。反応に対する自己認識として、反応の生起の自己認識、与えた印象に対する反応者の自己認識に着目する。後者については、反応の結果気づかれたくない事柄を気づかれた可能性（以下、反応の結果気づかれた可能性）の自己認識を取り上げる。

　そして、研究6では以下の二つを検討することを目的とする。第一の目的は、反応の生起の自己認識の特徴を検討することである。具体的には、言語的、非言語的反応に着目する。

　言語的反応は、気づかれたくない事柄に対する関与（話題に触れる）と回避（話題を避ける）の観点から検討する。研究1の結果から、懸念的被透視感を感じた際の言語的反応として、"話題からの回避"が生じやすいと考えられる。したがって、懸念的被透視感が生じた際に、回避の方が関与よりも生起したと認識する者が多いと予測される。

　非言語的反応は、懸念的被透視感による反応を実験的アプローチによって検討した研究4、研究5と対比させるため、話し方、身体の動き、視線、表情に着目する。そして、反応の変化を詳細に検討するため、表出（反応が増

加する）、抑制（反応が減少する）の観点から検討する。研究4、研究5では、懸念的被透視感によって、身体の動き、焦りの表情の表出、間を持たす発言（例：ええと）は多く表出され、視線は抑制されることが示されている。このうち、身体の動きは、行為者自身がモニターしにくいことが報告されている（Rosenthal & DePaulo, 1979; Bond & DePaulo, 2006）。したがって、懸念的被透視感が生じた際に、身体の動きは他の反応に比べ、生起したと認識する者が少ないと予測される。

　第二の目的は、反応の生起の自己認識と反応の結果気づかれた可能性の自己認識との関連を検討することである。懸念的被透視感を感じた者が、反応の結果気づかれた可能性を高く認識する反応には、欺瞞者の振る舞いに関する一般的信念（The Global Deception Research Team, 2006; Vrij, 2008＝太幡他〈監訳〉, 2016）に関する反応が含まれると想定される。欺瞞とは、自分が真実ではないと考えることを相手に信じさせる行為であり、偽りの情報を伝える偽装、真実を伏せる隠蔽が含まれる（深田, 1998）。懸念的被透視感を感じた者が、欺瞞者の振る舞いに関する一般的信念に関する反応をしたと認識すると、"他者から、自分が欺瞞的に振る舞っているように見える"と推測しやすくなると想定される。その結果、反応の結果気づかれた可能性を高く認識すると予測される。

　欺瞞者の振る舞いに関する一般的信念には、視線回避、焦りの表情が主なものとして挙げられている（The Global Deception Research Team, 2006; Vrij, 2008＝太幡他〈監訳〉, 2016）。したがって、懸念的被透視感を感じた者が、視線回避、焦りの表情などの、欺瞞者の振る舞いに関する一般的信念に関する反応をしたと認識すると、反応の結果気づかれた可能性を高く認識すると予測される。

　研究6では、懸念的被透視感が生じた経験に想起を求め、懸念的被透視感によって生起させた非言語的反応、言語的反応について、反応リストからチェックするように求める。そして、反応の結果気づかれたと思う程度に評定を求め、チェックされた反応との関係を検討する。上記の手法には、日常の相互作用における懸念的被透視感による反応に着目できるという利点がある。一方、自己に関する記憶にはバイアスが生じやすい（cf. Tafarodi, Tam, &

Milne, 2001)という問題点があると想定される。しかし、自己の行為の頻度を回想によって測定した研究では、行為の頻度に対する自己と観察者の判断の一致度は、観察者同士の一致度よりも低いものの、ある程度の高さがみられることが報告されている（Gosling, John, Craik, & Robins, 1998）。また、自己の非言語的反応の表出量に対する判断の正確性は、概してチャンスレベルよりも十分に高いことが示されている（Hall, Murphy, & Schmid Mast, 2007）。したがって、上記の手法によって、懸念的被透視感による反応を、ある程度は正確に測定できると考えられる。

第2項　方法

1．調査対象者

大学生218名に対し、個別に質問紙形式で回答するように求めた。懸念的被透視感を感じた経験を想起できなかった者、回答に不備のある者を除き、187名（男性82名、女性102名、不明3名、平均年齢19.98歳（$SD=1.23$））を分析対象とした。

2．質問紙の構成

質問紙の構成は以下の通りである。
（a）懸念的被透視感を感じた経験："日常生活の中で、ある相手とやりとりをしているときに、その人に対して、自分から直接的に伝えていない気づかれたくないと思っていることが、'相手に気づかれているかもしれない'と感じた経験のことを思い出してください"と教示し、最近の、懸念的被透視感を感じた経験を想起させた。また、その状況について詳細に想起させるために、懸念的被透視感を感じた事柄、その事柄を伝えていなかった理由、相手、懸念的被透視感を感じた根拠について、自由に記述するように求めた[2]。併せて、懸念的被透視感が生じた際の状況的要因として、その事柄を気づかれたくない意識の高さについて、"そのことをどの程度、気づかれたくないと思っていましたか"という質問に、"1．低い"から"5．高い"の5件法で回答するように求めた。また、懸念的被透視感の強さについて、"あな

たはどの程度、そのことを気づかれたと感じましたか"という質問に、"1．弱い"から"5．強い"の5件法で回答するように求めた。

(b) 懸念的被透視感による反応："先ほど答えていただいた、気づかれたくないと思っていることが、'相手に気づかれているかもしれない'と感じた際に、あなたが相手に対してした反応についてお聞きします"と教示し、懸念的被透視感を感じた際に自分が行った反応を、リストの中からすべてチェックするように求めた[3]（Table 8-2参照）。反応リストは独自に作成した。反応リストの作成にあたって、非言語的反応は、身体の動き、視線、表情については、表出（反応が増加する）、抑制（反応が減少する）の観点から、研究4、研究5を踏まえて項目を作成した。話し方については、表出、抑制を定義しにくいため、大坊・瀧本 (1992)、和田 (1993)、Zuckerman, et al. (1981) などで挙げられている、嘘をつく際に表出されやすいとされる反応を参考にし、研究4、研究5を踏まえて項目を作成した。言語的反応は、話題への関与、話題からの回避の観点から項目を作成した[4]。

(c) 反応の結果気づかれたと思う程度（以下、気づかれたと思う程度）："あなたがした反応の結果、どのようになったと思いますか"と教示し、気づかれたと思う程度に関する項目（"相手に対して不自然な印象を与えたように思う"など4項目）に、"1．全く当てはまらない"、"2．あまり当てはまらない"、"3．どちらともいえない"、"4．やや当てはまる"、"5．非常に当てはまる"の5件法で回答するように求めた。具体的な項目は、Table 8-1に示す。

第3項　結果

1．想起された経験の特徴

気づかれたくない意識は $M=3.64$ ($SD=1.09$)、懸念的被透視感は $M=3.54$ ($SD=1.07$) であった。したがって、気づかれたくない意識がある程度高い事柄に関する経験が想起されており、懸念的被透視感がある程度強く感じられていたと考えられる。なお、両者の相関は有意ではなかった ($r=.01, ns$)。

2. 反応の生起の自己認識

それぞれの反応について選択された割合を計数した結果を Table 8-2 に示す。言語的反応は、"適当な返事をした"（47.1％）、"話をそらした"（38.5％）、"話を合わせた"（30.5％）の順に多く選択された。話題からの回避の方が、話題への関与よりも多く選択された。非言語的反応は、"相手から視線をそらした"（50.3％）、"表情を保った"（48.1％）、"笑った"（39.6％）、"間を持たす発言をした"（32.6％）の順に多く選択された。表情や視線の項目は選択された割合が多い一方で、身体の動きは少なかった。また、身体の動きは表出、視線は抑制が多く選択された。表情は表出も抑制も同程度に多く選択された。

3. 反応の生起の自己認識と反応の結果気づかれた可能性の自己認識との関連

気づかれたと思う程度の4項目の得点を Table 8-1 に示す。主成分分析を行ったところ、すべての項目の第一主成分に対する負荷量の絶対値が.53を超えていたため、4項目を合算して項目数で除算した得点を算出した（α=.66, M=12.74, SD=3.12）。気づかれたと思う程度得点は、内面を気づかれたくない意識（M=3.64, SD=1.09）、懸念的被透視感（M=3.54, SD=1.07）と、それぞれ有意な正の相関がみられた（r=.19, p<.01; r=.41, p<.001）。なお、内面を気づかれたくない意識と懸念的被透視感には有意な相関はみられなかった（r=.01, ns）。

Table 8-1 気づかれたと思う程度に関する項目の第一主成分の負荷量と平均値（標準偏差）

	負荷量	M (SD)
相手に対して不自然な印象を与えたように思う	.80	3.29 (1.12)
相手に対して落ち着きのない印象を与えたように思う	.74	2.97 (1.12)
相手は自分のことをあやしんでいるようだった	.73	3.05 (1.09)
気づかれたくないことをうまく隠せたと思う（逆転項目）	.53	3.42 (1.08)
固有値	2.01	

注）逆転項目は逆転した後の数値を示す。

続いて、それぞれの言語的、非言語的反応について、選択された場合を"1"、選択されなかった場合を"0"とした。そして、反応の結果気づかれた可能性の自己認識と有意な正の相関がみられた気づかれたくない意識、懸念的被透視感の得点を統制変数とし、反応の生起の自己認識と反応の結果気づかれた可能性の自己認識との偏相関係数を算出した。結果を Table 8-2 に示す。反応の結果気づかれた可能性の自己認識は、言語的反応の"話をそらした"、"適当な返事をした"との間に有意な正の相関がみられた。また、非言語的反応の七つの反応との間に有意な正の相関がみられた。それぞれの反応が生起したと自己認識すると、反応の結果気づかれた可能性が高く評定されていた。

次に、それぞれの反応同士の関係や、反応と気づかれたと思う程度との関係を視覚的に捉えるために、それぞれの反応の選択の有無と気づかれたと思う程度（高・低）をカテゴリースコアとし、数量化Ⅲ類を行った。固有値は、成分1が.11、成分2が.09であった。成分1の負荷量を横軸、成分2の負荷量を縦軸とした座標平面上に、カテゴリースコアを布置した結果を Figure 8-1 に示す。気づかれたと思う程度高群の周りには、相手から視線をそらした、困った顔をした、間を持たす発言をした、沈黙した、適当な返事をした、話をそらした、手の動きを抑えたといった反応が布置された。一方、気づかれたと思う程度低群の周りに布置された反応はみられなかった。

第4項　考察

研究6の目的は、懸念的被透視感を感じた際の自己の反応に想起を求める方法を用いて、懸念的被透視感による反応の特徴について検討することであった。以下、得られた結果について整理、考察する。

第一の目的である、反応の生起の自己認識については、非言語的反応として、以下の反応が自己認識されやすいことが明らかとなった。すなわち、表情の統制や、沈黙や視線回避などの、焦りを反映すると想定される非言語的反応の表出、言語的反応として、話題からの回避が自己認識されやすいことが示された。言語的反応に関する結果は、研究1で得られた、懸念的被透視

第8章 懸念的被透視感による反応——調査的アプローチによる検討——

Table 8-2 反応の選択された割合（%）と反応の結果気づかれた可能性の評定との偏相関係数（N=187）

	選択された割合	偏相関係数
言語的反応		
話題への関与		
言い訳をした	19.3	.08
話を合わせた	30.5	-.00
話題からの回避		
話をそらした	38.5	.15*
否定した	19.3	.04
適当な返事をした	47.1	.22**
非言語的反応		
話し方		
早口になった	28.3	.19**
ゆっくり話した	16.0	.06
沈黙した	20.9	.16*
言い間違いをした	5.9	.11
間を持たす発言をした	32.6	.20**
身体の動き（表出）		
自分を触った	13.4	.00
手を動かした	21.9	.12
体を動かした	13.4	.21**
身体の動き（抑制）		
自分を触らないようにした	4.3	.07
手の動きを抑えた	8.0	.22**
体の動きを抑えた	20.9	.06
視線（表出）		
相手を注視した	20.3	-.08
視線（抑制）		
相手から視線をそらした	50.3	.14*
表情（表出）		
笑った	39.6	-.07
困った顔をした	18.2	.16*
表情（抑制）		
表情を保った	48.1	-.06

*$p<.05$, **$p<.01$.
注）偏相関係数を算出する際、気づかれたくない意識、懸念的被透視感の強さを統制変数とした。

第Ⅱ部　実証的研究

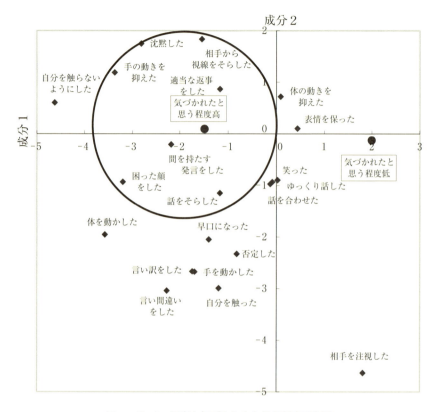

Figure 8-1　反応と気づかれたと思う程度の布置

感によって、適当な返事や話をそらすといった、話題からの回避が生じたと認識した者が多かったという結果と整合する。

　また、非言語的反応については、研究6の結果と、実際の反応を測定した研究4、研究5の結果とを対比させると、懸念的被透視感を感じた者の反応に対する自己認識と、懸念的被透視感によって実際に表出される反応に違いがみられない反応と、違いがみられる反応に分けられることが示唆された。違いがみられない反応としては、視線回避、表情に関する反応、間を持たす発言が挙げられる。これらの反応は、研究6において生起したと認識した者が多く、実際の反応を測定した研究4、研究5においても懸念的被透視感に

第8章　懸念的被透視感による反応——調査的アプローチによる検討——

よって増大すると報告されている。一方、違いがみられる反応としては、身体の動きが挙げられる。身体の動きは、実際の反応を測定した研究4、研究5において懸念的被透視感によって増大すると報告されている。しかし、研究6において生起したと認識する者は少なかった。このことから、予測通り、懸念的被透視感を感じた者には、身体の動きは認識されにくいと解釈される。

　第二の目的である、反応の生起の自己認識と反応の結果気づかれた可能性の自己認識との関連については、主に以下の結果が得られた。すなわち、懸念的被透視感を感じた際に、話題からの回避といった言語的反応や、間を持たす発言や沈黙などの話し方、体の動きの増加や手の動きの抑制、視線回避、困った表情といった非言語的反応をしたと自己認識すると、反応の結果気づかれた可能性が高く評定しているという結果が得られた。上記の反応の多くは、欺瞞者の振る舞いに関する一般的信念（The Global Deception Research Team, 2006; Vrij, 2008＝太幡他〈監訳〉, 2016）として多くの者に言及されやすい反応である。したがって、予測は概ね支持されたと考えられる。

　なお、研究6では、反応の結果気づかれた可能性の自己認識は、どの反応とも負の相関はみられなかった。この理由として、言語的、非言語的反応の詳細な変化のみに着目したことが結果に影響した可能性が考えられる。研究1では、懸念的被透視感が生じた際に、"気にしていないふりをした"などの"反応の統制の試み"が生じやすいことが報告されている。したがって、状況や相手に応じた対処反応によっては、気づかれたくない事柄を隠すことができると認識される反応がある可能性も考えられる。

第2節　本章のまとめ

　本章では、本研究の第二の検討点である、懸念的被透視感による反応について、懸念的被透視感を感じた際の自己の反応に想起を求める、調査的アプローチによって検討した。
　得られた結果から、懸念的被透視感を感じた際に、表情の統制や、沈黙や

視線回避などの、焦りを反映すると想定される非言語的反応の表出や、話題からの回避といった言語的反応の生起が自己認識されやすいことが明らかとなった。また、懸念的被透視感を感じた者が、欺瞞者の振る舞いに関する一般的信念に関する反応をしたと認識すると、反応の結果気づかれた可能性を高く認識することも示された。加えて、研究6の結果と、実際の反応を測定した研究4、研究5の結果とを対比したところ、懸念的被透視感を感じた者には、身体の動きは認識されにくいことが示唆された。

注
1　研究6は、太幡（2015）において発表されている。
2　自由記述の内容分析の結果は割愛する。
3　意図せずに表出した反応を得られやすくするため、"意識的にした反応"に"○"を、"するつもりがなかったのにした反応"に"△"を記入するように求めた。分析の際には、両者を合わせて分析した。
4　反応リストに該当する反応がない場合は、自由記述で反応を記述するように求めた。記述内容に基づいて、2名の評定者の協議の下に反応リストのいずれかの反応に分類した。

第9章

懸念的被透視感による反応に対する他者の印象

第1節　懸念的被透視感による反応に対する他者の印象：
研究4の映像の分析［研究7］[1]

第1項　問題

　研究7では、研究4で録画された映像を用い、懸念的被透視感による反応に対する他者の印象を検討することを目的とする。

　研究4では、アルバイトの面接に参加する実験参加者に、面接前に、面接とは無関係の実験協力者が、"柔軟的思考力"（架空の能力）が低いと伝えた。直後の面接で、面接者は、"柔軟的思考力"と類似する能力（独創性）が採用条件であると告げた。そして、面接者から面接の途中で独創性を発揮するよう求め、実験参加者の懸念的被透視感の喚起操作を行った。研究7では、懸念的被透視感の喚起操作直後の質問に実験参加者が回答する際の、実験参加者に対する印象について検討する。

　研究7では、懸念的被透視感による反応に対する印象として、以下の二点を検討する。第一に、不自然な印象を調べるために、落ち着きのない印象を検討する。落ち着きのない印象は、一般的に、"何かやましいことでもあるのではないか"と、相手への疑念につながる印象であると考えられる。第二に、当該状況での評価を検討する。懸念的被透視感による反応によっては、面接での評価が低くなる可能性も考えられる。そして、それぞれの印象について、以下の二つを検討する。一つは、研究4の認知的負荷の有無の実験条

件間での実験参加者に対する印象を比較する。もう一つは、懸念的被透視感が生じた際に不自然な印象を他者に与える反応を表出する背景として、認知的負荷が関わる可能性について検討する。すなわち、懸念的被透視感の喚起操作後において、認知的負荷の実験操作が反応に影響し、反応が評定者の印象を規定するというプロセスを仮定し、検討する。

第2項　方法

1．評定者

　研究の仮説を知らない大学生5名（男性3名、女性2名）が個別に印象評定を行った。なお、印象評定を行った者は、研究4において、言語内容の印象評定を行った者と同一である。

2．手続き

　印象評定を求めた映像は、研究4で録画された、分析対象となった60名分の映像であった[2]（研究4の実験計画、手続きの詳細は第7章第1節参照）。懸念的被透視感の喚起前の質問と喚起後の質問の場面における、面接者が質問を終えてから実験参加者が答え終わった部分のみの映像を評定者に呈示し、印象評定をするように求めた。映像の場面で実験参加者に与えられていた質問は文章で示した。映像の順序はランダムにした。評定者が発言内容を同じ基準で評定するように、同じ質問に関する映像を連続して呈示した。所要時間は約4時間であった。

3．測度

　映像に映っている実験参加者に対する印象として、落ち着きのなさ（"答えにくそうな様子だった"、"面接者の質問に落ち着いて対処していた（逆転項目）"の2項目）、面接での評価（"自分が面接者ならば、この人によい印象を持つだろう"の1項目）に、"1．全く当てはまらない"、"2．あまり当てはまらない"、"3．やや当てはまらない"、"4．どちらともいえない"、"5．やや当てはまる"、"6．かなり当てはまる"、"7．非常に当てはまる"の7件法で回

答するように求めた。それぞれの評定者に対し、研究4で分析対象となった60名分の印象評定をするように求めた。分析には評定者の平均値を用いた[3]。

第3項 結果

1．実験条件ごとの印象

　落ち着きのなさの2項目には、懸念的被透視感の操作前（$r=.88, p<.001$）、操作後（$r=.88, p<.001$）ともに有意な相関がみられたため、平均値を算出した。実験条件ごとの評定項目の平均値をTable 9-1に示す。落ち着きのなさと面接での評価には有意な負の相関がみられた（$r=-.87, p<.001$）。それぞれの項目について、認知的負荷の操作（あり、なし）×懸念的被透視感（操作前、操作後）の実験条件で分散分析を行った。その結果、落ち着きのなさについては、懸念的被透視感の主効果のみに有意差がみられ（$F(1, 58)=5.45, p<.05$）、懸念的被透視感の操作後の方が操作前よりも、落ち着きのなさが高く評定された。面接での評価については、有意な主効果、交互作用はみられなかった。

Table 9-1　実験条件ごとの評定項目の平均値（標準偏差）とF値

懸念的被透視感	認知的負荷の操作				F値		
	あり		なし		認知的負荷	懸念的被透視感	交互作用
	喚起前	喚起後	喚起前	喚起後			
落ち着きのなさ	3.46 (1.33)	3.78 (1.21)	3.09 (1.13)	3.33 (1.27)	1.93	5.45*	0.11
面接での評価	4.09 (0.97)	3.96 (1.09)	4.31 (1.25)	4.40 (1.19)	1.53	0.03	0.84

*$p<.05$.

2．印象を規定する要因

　落ち着きのなさ、面接での評価を規定する要因を検討するために、懸念的被透視感の喚起操作後の場面について、重回帰分析（変数増減法、$\alpha=.05$）の繰り返しによるパス解析を行った。第1水準を認知的負荷の操作の有無、第

2水準を研究4において測定された非言語的反応、言語内容の的確さ得点[4]、第3水準を落ち着きのなさ得点、面接での評価得点とした。落ち着きのなさに関するパス図を Figure 9-1 に、面接での評価に関するパス図を Figure 9-2 に示す。パス解析の結果は以下の三点に整理される。(a) 答えるまでの時間、沈黙した割合、言い直しの回数、視線をそらした割合、眉間にしわを寄せた回数が多いほど、落ち着きのなさが高く評定された。(b) 答えるまでの時間、沈黙した割合、言い直しの回数、視線をそらした割合が多く、まばたきの回数が少なく、的確さが低いほど、面接での評価が低く評定された。(c) 認知的負荷の操作によって沈黙した割合や眉間にしわを寄せた回数が増加し、発言内容の的確さが低下することで、落ち着きがないと評定され、面接での評価が低く評定された[5]。

第4項　考察

　研究7の目的は、研究4で録画された映像を用い、懸念的被透視感による反応に対する他者の印象を検討することであった。以下、得られた結果について整理、考察する。

　認知的負荷の操作の有無による印象を比較した結果、懸念的被透視感の喚起操作後において、落ち着きのなさと面接での評価には差はみられなかった。しかし、懸念的被透視感の喚起操作後のパス解析の結果から、認知的負荷によって、沈黙した割合や眉間にしわを寄せた回数が増加したことで、落ち着きがない印象を与えていることが示された。また、認知的負荷によって、沈黙した割合が増加し、発言の的確さが低くなったことで、面接での評価が低く評価されたことも明らかになった。これらの結果は、懸念的被透視感が生じた際に、認知的負荷の影響によって、話し方や表情に焦りを反映すると想定される反応を多く表出し、発言内容の的確さが低くなる結果、相手に不自然な印象を与えるというプロセスに整理される。すなわち、認知的負荷が反応を媒介として他者の印象に影響を与えることが示された。

　また、懸念的被透視感による反応で、落ち着きのない印象を与える反応と、面接での評価が低い反応は類似していた。具体的には、懸念的被透視感

第9章 懸念的被透視感による反応に対する他者の印象

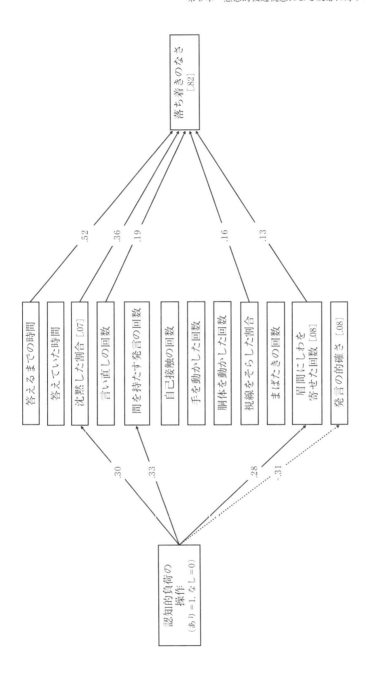

Figure 9−1 懸念的被透視感の喚起操作後における落ち着きのなさを規定する要因

注) 実線は正のパス、破線は負のパス、数値は標準偏回帰係数、[ ] 内は決定係数を示す (5%水準で有意)。

第Ⅱ部　実証的研究

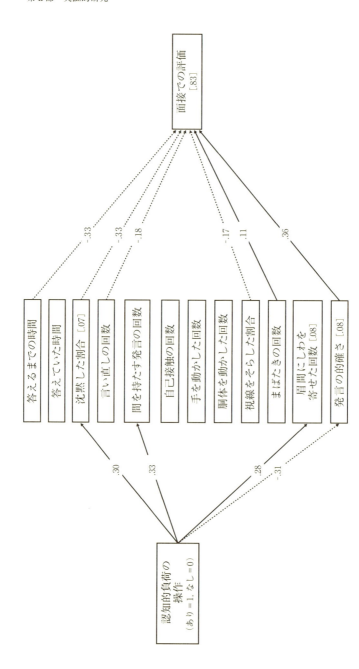

Figure 9-2　懸念的被透視感の喚起操作後における面接での評価を規定する要因
注) 実線は正のパス，破線は負のパス，数値は標準偏回帰係数，[ ] 内は決定係数を示す（5%水準で有意）。

による反応で、答えるまでの時間が長く、沈黙した割合、言い直しの回数、視線をそらした割合が多いほど、落ち着きがない印象を与え、また、面接での評価が低かった。これらの反応は、スピーチ不安の者が示しやすいとされる行動の特徴と類似している（Mulac & Sherman, 1974）。したがって、懸念的被透視感によって、一般的に不安であると他者に評価される反応をすると、落ち着きのない印象を他者に与え、当該状況での他者からの評価が低下すると考えられる。また、これらの反応は、欺瞞者の振る舞いに関する一般的信念（The Global Deception Research Team, 2006; Vrij, 2008＝太幡他〈監訳〉, 2016）として多くの者に言及されている反応であり、また、他者が隠し事をしていると思う際の手がかりとなる反応（Tabata, 2010）でもある。したがって、懸念的被透視感によって、沈黙する、視線をそらすなどの反応をすると、反応を見た他者に疑念を抱かれてしまう可能性が高いと推察される。

　なお、懸念的被透視感の喚起前後の比較では、懸念的被透視感の喚起操作後に、落ち着きがない印象を与えた。この理由としては、懸念的被透視感の喚起後に、実験参加者の回答内容が多くなったことが影響した可能性が考えられる。研究4では、懸念的被透視感の喚起操作後に、回答時間が長くなり、また、発言内容が曖昧になったという結果が得られたことから、実験参加者の回答内容が多くなったと推察される。この結果、落ち着きのない印象を与えたと想定される。

第2節　懸念的被透視感による反応に対する他者の印象：
　　　　　研究5の映像の分析［研究8］[6]

第1項　問題

　研究8では、研究5で録画された映像を用い、懸念的被透視感による反応に対する他者の印象を検討することを目的とする。
　研究5では、実験参加者に、大学院生ではないことを隠しながら大学生（実験協力者）に、面接者役として面接を行うように依頼した。面接の中で、

実験協力者の大学院生ではないことを疑う発言によって、実験参加者の懸念的被透視感の喚起操作を行った。そして、実験協力者が実験参加者に、うまく対処できないと本当は大学院生ではないことを気づかれてしまうと認知されるような、"恋愛のクリスマス効果"という架空の概念について質問した。研究8では、懸念的被透視感の喚起操作直後の質問、すなわち、"恋愛のクリスマス効果"に実験参加者が回答する際の、実験参加者に対する印象について検討する。

研究8では、懸念的被透視感による反応に対する他者の印象として、研究7と同様、以下の二点を検討する。第一に、落ち着きのなさを検討する。第二に、当該状況での評価を検討する。そして、それぞれの印象について、以下の三つを検討する。一つは、研究5の内面を気づかれたくない理由という実験条件間での実験参加者に対する印象を比較する。もう一つは、研究5で得られた言語的方略間での印象を比較する。三つ目は、懸念的被透視感による反応と、落ち着きのなさ、面接者としての評価との関連を検討する[7]。

第2項　方法

1．評定者

研究の仮説を知らない大学生5名（男性2名、女性3名）が個別に印象評定を行った。なお、印象評定を行った者は、研究5において、言語内容の印象評定を行った者と同一である。

2．手続き

印象評定を求めた映像は、研究5で録画された、分析対象となった55名分の映像であった[8]（研究5の実験計画、手続きの詳細は第7章第2節参照）。懸念的被透視感の喚起操作後の、被面接者（実験協力者）からの"恋愛のクリスマス効果"に関する質問に対し、実験参加者が答え終わるまでの部分の映像のみを評定者に呈示し、印象評定をするように求めた[9]。映像の場面で実験参加者に与えられていた質問は文章で示した。映像の順序はランダムにした。所要時間は約4時間であった。

3．測度

　映像に映っている実験参加者に対する印象として、落ち着きのなさ（"答えにくそうな様子だった"、"面接者の質問に落ち着いて対処していた（逆転項目）"の2項目）、面接者としての評価（"面接者として評価できる"の1項目）に、"1．全く当てはまらない"、"2．あまり当てはまらない"、"3．やや当てはまらない"、"4．どちらともいえない"、"5．やや当てはまる"、"6．かなり当てはまる"、"7．非常に当てはまる"の7件法で回答するように求めた（以下、7件法尺度の選択肢は同一である）。それぞれの評定者に対し、研究5で分析対象となった55名分の印象評定をするように求めた。分析には評定者の平均値を用いた[10]。

第3項　結果

1．実験条件ごとの印象

　落ち着きのなさの2項目には有意な相関がみられたため（$r=.83, p<.001$）、平均値を算出した。評定項目の平均値は、落ち着きのなさが $M=4.43$（$SD=1.04$）、面接者としての評価が $M=4.12$（$SD=0.65$）であった。両者には有意な負の相関がみられた（$r=-.58, p<.001$）。

　実験条件ごとの評定項目の平均値を Table 9-2 に示す。それぞれの項目について、内面を気づかれたくない理由（自己利益、他者配慮、説明なし）の実験条件で分散分析を行った。有意差がみられた指標については、多重比較（TukeyのHSD法）を行った。その結果、自己利益条件では説明なし条件と

Table 9-2　実験条件ごとの評定項目の平均値（標準偏差）と F 値

	内面を気づかれたくない理由			F値
	自己利益	他者配慮	説明なし	
落ち着きのなさ	4.83[a] (0.85)	4.44[ab] (1.06)	3.99[b] (1.08)	3.22*
面接者としての評価	4.06 (0.70)	4.04 (0.61)	4.26 (0.65)	0.58

*$p<.05$.
注）異なる添え字を持つ群の平均値の差は統計的に有意である（$\alpha=.05$）。

比べ、落ち着きのなさが高く評定された。一方、面接者としての評価には有意差はみられなかった。

2. 言語的方略ごとの印象

言語的方略ごとの評定項目の平均値を Table 9-3 に示す。それぞれの項目について、言語的方略（想起不可、曖昧化、無関係性の主張、自己責任）[11] を条件とする分散分析を行った。有意差がみられた指標については、多重比較（Tukey の HSD 法）を行った。その結果、想起不可は他の言語的方略と比べ、落ち着きがないと評定された。一方、面接者としての評価には有意差はみられなかった。

Table 9-3 言語的方略ごとの評定項目の平均値（標準偏差）と F 値

	言語的方略				F 値
	想起不可	曖昧化	無関係性の主張	自己責任	
落ち着きのなさ	5.70[a] (0.41)	4.18[b] (0.98)	4.16[b] (1.33)	4.23[b] (0.87)	5.02**
面接者としての評価	3.77 (0.58)	4.29 (0.63)	4.22 (0.79)	4.08 (0.53)	1.10

**$p<.01$.
注）適当な説明に分類された3名は除く。異なる添え字を持つ群の平均値の差は統計的に有意である（$\alpha=.05$）。

3. 懸念的被透視感による反応と印象との関係

懸念的被透視感による反応の印象を検討するために、研究5で測定された非言語的反応と発言の的確さ[12] と、落ち着きのなさ、面接者としての評価との相関係数を算出した。結果を Table 9-4 に示す。主な結果は以下の二点に整理される。(a) 落ち着きのない印象との相関係数は、六つの反応で有意であった。また、三つの反応で有意傾向がみられた。それぞれの非言語的反応の多さ、発言の的確性の低さが、落ち着きのない印象の高さと関連していた。特に、答えるまでの時間、自己接触の回数、視線をそらした割合との関連が相対的に強かった。(b) 面接者としての評価との相関係数は、四つの反応で有意であった。また、一つの反応で有意傾向がみられた。それぞれの

Table 9-4 懸念的被透視感による反応と、落ち着きのなさ、面接者としての評価との相関係数 (N=55)

	M (SD)	落ち着きのなさ	面接者としての評価
話し方			
答えるまでの時間	3.54 (6.17)	.46***	-.31*
答えていた時間	26.39 (16.75)	.24+	.10
沈黙した割合	0.13 (0.17)	.33*	-.40**
言い直しの回数	0.79 (1.05)	.24+	-.02
間を持たす発言の回数	1.83 (1.90)	.15	.11
身体の動き			
自己接触の回数	1.99 (2.13)	.49***	-.03
手を動かした回数	1.55 (1.77)	-.00	.23+
胴体を動かした回数	1.14 (1.67)	.34*	-.12
視線			
視線をそらした割合	0.37 (0.25)	.51***	-.50***
まばたきの回数	18.46 (7.85)	-.06	-.02
表情			
眉間にしわを寄せた回数	0.76 (1.22)	.34*	-.18
発言内容			
発言の的確さ	4.46 (0.71)	-.26+	.40**

+$p<.10$, *$p<.05$, **$p<.01$, ***$p<.001$.
注) それぞれの反応の平均値は、時間（単位は秒）、30秒単位に換算した回数、評定値である。なお、時間の指標は対数変換後の値を分析に用いた。

非言語的反応の多さ、発言の的確性の低さが、面接者としての評価の低さと関連していた。特に、沈黙した割合、視線をそらした割合、発言の的確さとの関連が相対的に強かった。

第Ⅱ部　実証的研究

第4項　考察

　研究8の目的は、研究5で録画された映像を用い、懸念的被透視感による反応に対する他者の印象を検討することであった。以下、得られた結果について整理、考察する。

　懸念的被透視感による反応と印象との関係について検討した結果、研究8と研究7の結果には多くの類似点がみられた。主な類似点として、懸念的被透視感が生じた際の沈黙や視線回避によって、落ち着きがない印象を与え、面接者としての能力が低く評価された点が挙げられる。これらの反応は、スピーチ不安を感じる者が示しやすい反応である（Mulac & Sherman, 1974）だけでなく、欺瞞者の振る舞いに関する一般的信念（The Global Deception Research Team, 2006; Vrij, 2008 = 太幡他〈監訳〉, 2016）として多くの者に言及されている反応であり、また、他者が隠し事をしていると思う際の手がかりとなる反応（Tabata, 2010）でもある。したがって、研究7と同様に、研究8の結果からも、懸念的被透視感によって、沈黙する、視線をそらすなどの反応をすると、反応を見た他者に疑念を抱かれてしまう可能性が高いと推察される。

　一方、研究8と研究7の結果には相違点もみられた。具体的には、懸念的被透視感が生じた際の自己接触や言い直しなどのいくつかの反応は、印象との関係が異なっていた点が挙げられる。例えば、研究8では、研究7ではみられなかった、自己接触の多さと落ち着きのない印象には正の相関がみられるという結果が得られた。この理由としては、印象評定の対象となった人物の役割が、状況間で異なっていたことが影響したと想定される。具体的には、印象評定の対象となった人物は、研究7の映像では面接参加者であったのに対して、研究8では面接者であった。状況や文脈によって動きの好まれ方が異なることが、手の動きに関して示唆されている（荒川・河野, 2008）。したがって、懸念的被透視感を感じた者の役割によって、生起させた自己接触や言い直しなどが与える印象が異なったと想定される。以上の結果をまとめると、懸念的被透視感によって生じる非言語的反応は、沈黙や視線回避のように状況や文脈を通して不自然な印象を与える反応と、自己接触のように

状況や文脈によって不自然な印象を与える場合がある反応とに分けられると推察される。

　また、内面を気づかれたくない理由の実験条件や言語的方略での印象の比較の結果から、自己利益条件の実験参加者や想起不可の言語的方略を用いた実験参加者は、落ち着きがない印象を与えたことが示された。この理由としては、実験参加者が表出した非言語的反応が印象に影響した可能性が考えられる。研究5では、自己利益条件では他の条件と比べ、冗長な印象を与える言語的方略である、想起不可の言語的方略が用いられやすいという結果が得られた。また、想起不可の言語的方略を用いた実験参加者が、話し方（言い直しの回数）、身体の動き（自己接触の回数）、表情（眉間にしわを寄せた回数）に、焦りを反映すると想定される非言語的反応を多く表出したという結果も得られた。一方、研究8では、落ち着きのない印象との間に、自己接触、眉間にしわを寄せた回数は有意な正の相関がみられ、言い直しの回数は正の相関に有意傾向がみられた。これらの結果をまとめると、自己利益条件の実験参加者では、想起不可の言語的方略が多くなり、それに付随して、身体の動きや表情に、焦りを反映すると想定される非言語的反応を多く表出しやすくなった結果、落ち着きのない印象を与えたと推察される。

第3節　懸念的被透視感に特徴的な反応に対する他者の印象
[研究9][13]

第1項　問題

　研究9では、これまでの研究で明らかとなった、懸念的被透視感に特徴的な反応が他者に与える印象を実験的に検証することを目的とする。懸念的被透視感に特徴的な言語的反応、非言語的反応を組み合わせて、研究5の実験状況を模した映像刺激を作成し、映像に登場する面接者役の実験協力者（以下、面接者）に対する印象を検討する。

　研究9で扱う反応のうち、言語的反応については、欺瞞性の高い言語的方

略に着目する。懸念的被透視感が生じた際には、気づかれたくない事柄を気づかれないように欺瞞的な発言が用いられやすくなると想定されるためである。Grice（1975）は会話の公準を提唱し、会話の公準を逸脱した発言は欺瞞的な印象を与えやすいと論じた。そこで、研究9では、欺瞞性の高い言語的方略として、研究5において会話の公準における量の公準（適切な量を話せ）に違反する印象を与えた、想起不可（答えられないが、本当は知っていることを強調する）に着目する。そして、研究5において量の公準を違反する印象を与えなかった、自己責任（知らないことを認めて、勉強不足を謝る）と対比させる。

一方、非言語的反応については、沈黙、視線回避、自己接触に着目する。沈黙、視線回避、自己接触は焦りを反映すると想定される非言語的反応であり、懸念的被透視感に特徴的な非言語的反応と位置づけられる（研究4、研究5、研究6）。そして、懸念的被透視感が生じた際にこれらの反応をすると、落ち着きがない印象を他者に与えることが明らかにされている（研究7、研究8）。そこで、これらの反応がある場合とない場合を対比させる。

また、これまでの研究では、懸念的被透視感による言語的反応、非言語的反応が、印象に交互作用的に影響する可能性については検討されていない。そこで、懸念的被透視感に特徴的な言語的反応、非言語的反応を組み合わせ、印象に対する交互作用的な影響がみられる可能性についても検討する。

研究9では、面接者への印象として、以下の三点に着目する。第一に、研究7、研究8と同様に、落ち着きのなさと、当該状況での能力の評価に着目する。第二に、発言の疑わしさに着目する。研究7、研究8の結果から、懸念的被透視感に特徴的な非言語的反応がある映像では、ない映像と比べ、落ち着きのなさが高く、当該状況での評価が低く評定されると予測される。また、視線回避（Hemsley & Doob, 1978）や沈黙（Kraut, 1978）は信用度が低く評価される反応であることから、発言の疑わしさが高く評価されると予測される。一方、懸念的被透視感に特徴的な言語的反応がある映像では、ない映像と比べ、研究8の結果から、発言の疑わしさが高く評価されると予測される。第三に、懸念的被透視感による自己成就予言に直接関わると考えられる、気づかれたくない事柄に関する印象に着目する。研究9では、研究5の

状況を踏まえ、大学院生らしくなさを扱う。

　研究9では、研究5の実験状況を模して、面接者役、被面接者役の2名の実験協力者の演技によって、面接場面の映像を作成する。具体的には、面接者が、本当は大学院生ではないことに懸念的被透視感を感じているような状況において、被面接者から"恋愛のクリスマス効果"について質問を受け、その質問に回答する場面の映像を作成する。そして、面接者が質問に回答する際の反応について、懸念的被透視感に特徴的な言語的方略と、非言語的反応の有無を組み合わせて実験条件とし、実験参加者に印象評定するように求める[14]。分析では、実験条件間の面接者への印象を比較する。

第2項　方法

1．実験参加者

　面接者の人柄が面接に与える影響の調査を実施していると告知し、依頼に応じた大学生80名（男性30名、女性50名、平均年齢20.01歳（$SD=1.90$））に個別に実験を実施した[15]。

2．実験計画

　映像の面接者の反応について、言語的反応（欺瞞性高、低）×特徴的な非言語的反応（あり、なし）の実験参加者間2要因計画であった。実験参加者は、それぞれの条件に20名ずつ配置されていた。

　言語的反応については、研究5に基づき、欺瞞性高条件では、"知っているけれど思い出せません"と発言した（想起不可）。低条件では、"勉強不足ですみません"と発言した（自己責任）。非言語的反応については、沈黙、視線回避、自己接触のある条件とない条件を設定した。

3．映像刺激

　実験に用いられた映像は、研究5の一部を模して作成した。具体的には、仮説を知らない2名の実験協力者が、面接者（女性、22歳）と被面接者（女性、23歳）を演じた[16]。部屋の配置は、研究5と同一であった。ビデオカメ

ラ（VICTOR製GZ-MG575）を用いて面接者の左前から撮影した（距離は約300cm）。映像には面接者の上半身のみが映っていた。

映像は面接の前半の場面と後半の場面で構成されていた。前半は、面接の導入場面として、面接者が被面接者に、"恋愛に対する積極性傾向を調べるテスト"を実施する場面であった。面接の前半部分の映像の長さは約2分であり、すべての条件で共通した映像を用いた。後半は、面接終了後に、被面接者が、懸念的被透視感の喚起操作として大学院生であることを疑う発言をし、その後、"恋愛のクリスマス効果"について質問する場面であった。質問に回答する際の面接者の反応によって、実験条件を操作した[17]。面接の後半部分の映像の長さは、非言語的反応あり条件で約2分、非言語的反応なし条件で約1分40秒であった[18]。それぞれの映像は、社会心理学を専攻する大学院生4名（男性1名、女性3名）が、非言語的反応、言語的反応の操作が条件ごとに妥当であること、操作と関連しない場面の反応がほぼ類似していることを確認した。

4．手続き

実験室において、実験者が、臨床心理学専攻の院生からの依頼で恋愛に関する面接調査のマニュアル作成の手伝いをしており、好感の持てる面接者を調査するように依頼されている旨を説明した。そして、実施された面接の映像を見て、面接者の印象に回答してもらうと説明した。また、実験者は、映像はランダムに選ばれた一つであり、面接の内容がわからないように面接の最初と最後の映像のみを渡されており、面接者と被面接者の個人情報は説明されていない旨を伝えた。その後、実験者は、面接の最初、最後の順に映像を実験参加者に示した。映像はパソコンに接続されたプロジェクター（SONY製VPL-ES1）によって投影された。その後、面接者の印象に関する項目が含まれた質問紙に回答するように求めた。

実験参加者が質問紙に記入を終えた後、実験者はカバーストーリーを用いた理由についてデブリーフィングを行った。また、実験の目的に気づいたか否かを確認した。実験参加者がカバーストーリーを用いた理由を理解したことを確認した上で、退室するように求めた。所要時間は約20分であった。

5．測度

研究9に用いた測度は以下の通りである。それぞれの項目は、面接者の印象について回答するように求める質問項目の中に含まれていた[19]。

（a）落ち着きのなさ："落ち着きがない"の1項目に、"1．全く当てはまらない"、"2．あまり当てはまらない"、"3．やや当てはまらない"、"4．どちらともいえない"、"5．やや当てはまる"、"6．かなり当てはまる"、"7．非常に当てはまる"の7件法で回答するように求めた（以下、7件法尺度の選択肢は同一である）。

（b）面接者としての評価："面接が上手だと思う"、"面接者としての能力が高い"の2項目に、7件法で回答するように求めた。

（c）発言の疑わしさ："話している内容が疑わしい"の1項目に、7件法で回答するように求めた。

（d）大学院生らしくなさ："大学院生らしくない"の1項目に、7件法で回答するように求めた。

第3項　結果

面接者の印象における面接者としての評価に関する2項目には有意な正の相関がみられたため（$r=.74, p<.001$）、2項目の平均値を算出した。それぞれの評定項目の相関係数を Table 9-5、実験条件ごとの評定項目の平均値を Table 9-6 に示す。

それぞれの評定項目を従属変数として、言語的反応と非言語的反応を要因とする分散分析を行った。結果は以下の三点に整理される。（a）交互作用はいずれも有意ではなかった。（b）非言語的反応には、面接者としての評価以外の項目に有意な主効果が、面接者としての評価に有意傾向がみられた。非言語的反応あり条件はなし条件と比べ、面接者の落ち着きのなさ、発言の疑わしさ、大学院生らしくなさが高く評定された。また、面接者としての評価が低く評定される傾向がみられた。（c）言語的反応には、発言の疑わしさのみに有意な主効果がみられた。欺瞞性高条件は低条件と比べ、面接者の発言の疑わしさが高く評定された。

第Ⅱ部　実証的研究

Table 9-5　評定項目の相関係数 (*N*=80)

	面接者としての評価	発言の疑わしさ	大学院生らしくなさ
落ち着きのなさ	-.32**	.26*	.22*
面接者としての評価	—	-.09	-.35**
発言の疑わしさ		—	.26*
大学院生らしくなさ			—

*p<.05, **p<.01, ***p<.001.

Table 9-6　実験条件ごとの評定項目の平均値（標準偏差）と*F*値

	欺瞞性高 非言語的反応 あり	欺瞞性高 非言語的反応 なし	欺瞞性低 非言語的反応 あり	欺瞞性低 非言語的反応 なし	*F*値 言語的反応	*F*値 非言語的反応	*F*値 交互作用
落ち着きのなさ	4.55 (1.23)	2.90 (1.48)	4.40 (1.35)	2.50 (1.32)	0.83	34.57***	0.17
面接者としての評価	2.80 (0.86)	3.15 (1.60)	2.73 (0.91)	3.30 (1.15)	0.02	3.14⁺	0.19
発言の疑わしさ	4.55 (1.28)	4.20 (1.32)	4.25 (1.07)	3.25 (1.41)	4.80*	5.60*	1.30
大学院生らしくなさ	4.70 (0.92)	3.25 (1.16)	4.15 (1.27)	3.50 (1.36)	0.32	15.59***	2.26

⁺p<.10, *p<.05, ***p<.001.

第4項　考察

　研究9の目的は、これまでの研究で明らかとなった、懸念的被透視感に特徴的な反応が他者に与える印象を実験的に検証することであった。以下、得られた結果について整理、考察する。

　懸念的被透視感に特徴的な反応を操作した映像を用い、懸念的被透視感による反応の印象を検討した結果、沈黙、視線回避、自己接触といった懸念的被透視感に特徴的な非言語的反応は、落ち着きがなく、発言が疑わしい印象を与えた。一方、欺瞞性の高い言語的方略といった懸念的被透視感に特徴的な言語的反応は、発言が疑わしい印象を与えた。これらは、予測を支持する結果である。さらに、懸念的被透視感に特徴的な非言語的反応は、大学院生らしくない印象を与えたことから、気づかれたくない事柄を気づかれてしまう可能性があると考えられる。したがって、懸念的被透視感が生じた際の、

沈黙、視線回避、自己接触といった非言語的反応によって、落ち着きのない印象を他者に与え、当該状況での他者からの評価が低下するだけでなく、隠している事柄についても他者から疑念を抱かれてしまう可能性があることが示唆された。

なお、言語的反応は発言の疑わしさのみに影響を与えたのに対し、非言語的反応はその他の印象にも影響を与えたことから、懸念的被透視感による反応は、非言語的反応の方が言語的反応よりも印象への影響が大きいと推察される[20]。この理由は、非言語的手がかりは言語的手がかりに比べ、印象判断に用いられやすい（Burgoon & Hoobler, 2002; Reinhard & Sporer, 2008）ためであると考えられる。Reinhard & Sporer（2008）では、認知的資源の不足により統制的な情報処理が阻害される場合でも、非言語的反応は刺激人物の信用度の判断に用いられることが示されている。また、別の理由として、どちらの言語的反応でも質問された用語の説明ができなかったため、欺瞞性の影響が弱められた可能性も考えられる。

第4節　本章のまとめ

本章では、本研究の第三の検討点である、懸念的被透視感による反応に対する他者の印象を検討した。印象を検討するにあたり、落ち着きのなさ、当該状況での評価、懸念的被透視感を感じた者が隠している事柄に対する疑いの程度の三点に着目した。併せて、内面を気づかれる可能性の評価も検討した。そして、懸念的被透視感による反応を録画した映像の印象評定（研究7、研究8）、懸念的被透視感に特徴的とされる反応による映像刺激を用いた実験（研究9）の、二つのアプローチによって検討した。

本章では、以下の三点を明らかにした。第一に、懸念的被透視感が生じた際に、沈黙や視線回避といった懸念的被透視感に特徴的な非言語的反応を表出すると、不自然な印象を他者に与える点である。具体的には、落ち着きのない印象を他者に与え、当該状況での他者からの評価が低下することが明らかとなった（研究7、研究8、研究9）。さらに、発言が疑わしく、気づかれ

第Ⅱ部　実証的研究

たくない事柄に疑念を抱かれてしまうような印象を他者に与えることが示された（研究9）。

　第二に、懸念的被透視感が生じた際に、欺瞞性が高い言語的方略を用いると、発言内容が疑わしい印象を他者に与えるものの、他者が抱くその他の印象には直接的には影響を与えない点である。このことから、懸念的被透視感による反応は、非言語的反応の方が言語的反応よりも印象への影響が大きい可能性が示唆された（研究9）。

　第三に、認知的負荷が反応を媒介として、他者の印象に影響を与える点である。具体的には、認知的負荷が焦りを反映した非言語的反応を増大させ、その結果、相手に不自然な印象を与えることが示された（研究7）。加えて、研究5と併せ、内面を気づかれたくない理由も、反応を媒介として、他者の印象に影響を与えることが示唆された。研究5の結果から、内面を気づかれたくない理由が自己利益的な理由であると、想起不可の言語的方略が多くなり、それに付随して、身体の動きや表情に、焦りを反映すると想定される非言語的反応を多く表出しやすくなると推察された。また、身体の動きや表情に関する焦りを反映すると想定される非言語的反応は、落ち着きがない印象を他者に与えることが示された（研究8）。これらの結果を併せると、内面を気づかれたくない理由も、反応を媒介として、他者の印象に影響を与えると想定される。

注
1　研究7は、太幡（2008）において発表されている。
2　研究4のデブリーフィングの際に、実験参加者から映像使用の許可を得た。
3　それぞれの項目において、評定者間の評定値には正の相関が得られ（$rs=.28 \sim .74$）、すべての相関係数が有意（$p<.05$）であった。
4　言語内容の印象に関する、的確さ得点と曖昧さ得点には有意な相関がみられたため（$r=-.44, p<.001$）、的確さ得点のみを用いた。
5　結果の対比のため、懸念的被透視感の喚起操作前の場面についても、第1水準を認知的負荷の操作の有無、第2水準を測定した非言語的反応、言語内容の的確さ得点、第3水準を落ち着きのなさ得点、面接での評価得点とした、重回帰分析（変数

増減法、$\alpha=.05$)の繰り返しによるパス解析を行った。その結果、落ち着きのなさを規定していたのは、答えるまでの時間($\beta=.60$)、答えていた時間($\beta=-.13$)、眉間にしわを寄せた回数($\beta=.18$)、的確さ得点($\beta=-.29$)であった($R^2=.77$)。また、面接での評価を規定していたのは、答えるまでの時間($\beta=-.39$)、答えていた時間($\beta=.29$)、的確さ得点($\beta=.53$)であった($R^2=.75$)。しかし、第1水準の認知的負荷の操作の有無からは、第2水準、第3水準へのパスはみられなかった。以上の結果から、懸念的被透視感の喚起操作前においては、認知的負荷の操作の有無は、反応や評定者の印象に影響を与えていないと解釈される。

6 研究8は、太幡(2011)において発表されている。
7 研究7では、認知的負荷が懸念的被透視感による反応を媒介して印象に影響を与えるプロセスを検討するため、重回帰分析(変数増減法)の繰り返しによるパス解析によって分析した。一方、変数間の関係を検討する際、他の説明変数を考慮することが不要である場合は、重回帰分析よりも、個々の説明変数と基準変数の単相関を求める相関分析の方が適切であるとされる(吉田, 1995)。ある反応と印象との関係を検討するにあたり、他の反応が一定であることは現実的には起こり得ないため、他の説明変数を考慮する必要はないと考えられる。また、研究7のように、媒介プロセスを想定していない。したがって、研究8では、相関分析を行うこととした。
8 研究5のデブリーフィングの際に、実験参加者から映像使用の許可を得た。
9 懸念的被透視感の喚起前である、一人目の実験協力者からの質問("この結果は信じても大丈夫ですよね")に対する実験参加者の回答については、実験参加者に渡された質問対応リストに回答が載っていたため、回答内容がほぼ同じであった。したがって、評定者には、この場面での印象評定をするようには求めなかった。
10 それぞれの項目において、評定者間の評定値には正の相関が得られ($rs=.08\sim.72$)、ほとんどの相関係数が有意($p<.05$)であった。
11 適当な説明の言語的方略を用いた3名は分析から除外した。
12 研究7と対応させるため、言語内容の印象については、発言の的確さ得点を用いて分析した。
13 研究9は、太幡(2011)において発表されている。
14 面接者が実際は大学院生ではない可能性があることを事前に伝えると、実験参加者が、面接者の特定の反応に着目しやすくなる可能性が考えられる。したがって、実験参加者には、面接者が実際は大学院生ではない可能性については言及しなかった。
15 実験参加者のうち、研究5に参加していた者はいなかった。
16 実験協力者は撮影の前に、演技について十分にトレーニングを受けた。

17 言語的反応の条件間で、発言量が同程度になるように調整した。
18 非言語的反応あり条件では沈黙が含まれていたため、映像が長くなった。
19 カバーストーリーとして、実験参加者に面接者の印象に回答するように教示したため、面接者の印象に関するフィラー項目（"好ましい"、"感じがよい"など9項目）も含まれていた。フィラー項目の結果については割愛する。
20 四つの評定項目を従属変数、言語的反応と非言語的反応を要因とする多変量分散分析を行ったところ、非言語的反応の主効果が有意であった（Hotellingの$T^2=.69$, $F(4, 73)=12.50$, $p<.001$）。一方、言語的反応の主効果（Hotellingの$T^2=.07$, $F(4, 73)=1.27$, ns）、交互作用（Hotellingの$T^2=.07$, $F(4, 73)=1.28$, ns）は有意ではなかった。この結果からも、印象に対する非言語的反応の影響力が大きいと考えられる。

第III部

全体的総括

第Ⅲ部：全体的総括は、二つの章で構成されている。
　第10章では、実証的研究で得られた知見を整理し、懸念的被透視感の果たす役割について考察する。第11章では、本研究の貢献と、今後の展望について論じる。

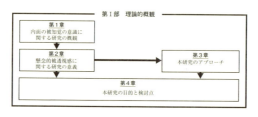

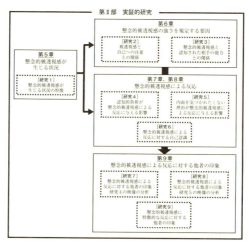

第 10 章

本研究の結論

第 1 節　実証的研究で得られた知見

　本研究では、対人コミュニケーションにおいて懸念的被透視感が生じている時点に着目し、懸念的被透視感の強さを規定する要因、懸念的被透視感による反応、懸念的被透視感による反応が与える印象の三つの検討点について、実証的研究により検討した（第 5 章～第 9 章）。本節では、それぞれの検討点に関して得られた知見を整理する。

第 1 項　懸念的被透視感の強さを規定する要因

　懸念的被透視感を強める要因については、以下の二つの要因が示された。第一に、自己の私的側面、公的側面への注意である。自己の私的側面である自己の内面に注意を向け、また、自己の公的側面である他者に見られている自己の振る舞いに注意を向けると、被透視感が強まることが示唆された（研究 2）。第二に、認知された相手の能力である。相互作用する相手を自己の内面を気づく能力が高いと認知すると、懸念的被透視感が強まることが明らかとなった（研究 3）。

第 2 項　懸念的被透視感による反応

　懸念的被透視感による反応については、懸念的被透視感に特徴的な非言語

的反応として、表情の統制（研究1、研究6）や、沈黙や視線回避などの、焦りを反映すると想定される非言語的反応の表出（研究4、研究5、研究6）が挙げられることが示された。また、懸念的被透視感に特徴的な言語的反応として、話題からの回避（研究1、研究6）が挙げられることが明らかとなった。併せて、懸念的被透視感が生じる状況の検討から、状況に応じた振る舞いが生じることも示唆された（研究1）。

また、懸念的被透視感による反応に影響を与える要因として、以下の四つが示された。一つ目は、懸念的被透視感の強さである。懸念的被透視感を強く感じると、視線が回避されやすいことが示された（研究4、研究5）。二つ目は、認知的負荷である。認知的負荷がある場合には、統制的な情報処理を経ずに反応が生起しやすくなるために、懸念的被透視感が生じた際に、焦りを反映すると想定される非言語的反応が抑制されずに表出されやすくなり、また、的確さの低い発言がなされることが明らかとなった（研究4）。三つ目は、内面を気づかれたくない意識の高さである。内面を気づかれたくない意識が高いと、懸念的被透視感が生じた際に、話題からの回避が生じやすいと想定される結果が得られた（研究1、研究5）。四つ目は、内面を気づかれたくない理由である。懸念的被透視感が生じた際に、内面を気づかれたくない理由に対応した言語的方略が用いられやすいことが明らかとなった（研究5）。

加えて、懸念的被透視感による反応に対する自己認識を検討した結果、以下の二つも明らかになった。一つは、懸念的被透視感を感じた者が、欺瞞者の振る舞いに関する一般的信念に関する反応をしたと認識すると、反応の結果気づかれた可能性を高く認識することが示された（研究6）。もう一つは、懸念的被透視感を感じた者には、身体の動きは認識されにくいことが示唆された（研究6）。

第3項　懸念的被透視感による反応に対する他者の印象

懸念的被透視感による反応に対する他者の印象については、主に以下の三つが明らかになった。一つ目は、懸念的被透視感が生じた際に、沈黙や視線

回避といった懸念的被透視感に特徴的な非言語的反応を表出すると、落ち着きのない印象を他者に与え、当該状況での他者からの評価が低下することが明らかとなった（研究7、研究8、研究9）。さらに、発言内容が疑わしく、気づかれたくない事柄に疑念を抱かれてしまうような印象を他者に与えることが示された（研究9）。二つ目は、懸念的被透視感が生じた際に、欺瞞性の高い言語的方略を用いると、言語内容が疑わしい印象を他者に与える（研究8、研究9）ものの、他者が抱くその他の印象には直接的には影響を与えないことが明らかとなった（研究9）。三つ目は、認知的負荷や内面を気づかれたくない理由が反応を媒介として、他者の印象に影響を与えていることが明らかとなった（研究7、研究8）。

第2節　懸念的被透視感の果たす役割

本節では、それぞれの検討点について得られた知見から、懸念的被透視感の果たす役割を考察する。懸念的被透視感の果たす役割については、懸念的被透視感を感じる者の視点と、対人コミュニケーションの視点から考察する。

第1項　懸念的被透視感を感じる者の視点

懸念的被透視感を感じる者の視点から懸念的被透視感の果たす役割を整理すると、懸念的被透視感は、直接的に反応を生起させる影響（直接的影響）と、反応に対する状況因の影響力を強める影響（間接的影響）をもたらすと考えることができる。これらの影響について、気づかれたくない事柄を気づかれないようにする対処反応と、対処反応とは別に生じる副次的反応に分けて整理する。

懸念的被透視感の直接的影響については、懸念的被透視感によって以下のような反応が生起しやすくなることが明らかとなった。対処反応への影響については、懸念的被透視感が生じた際に、状況に応じた振る舞い（研究1）、

表情の統制（研究1、研究6）、話題からの回避（研究1、研究6）が生起しやすいことが示された。また、副次的反応への影響については、懸念的被透視感によって焦りが喚起されることで（研究4、研究5）、焦りを反映すると想定される非言語的反応の表出が誘発されやすくなることが示唆された（研究4、研究5、研究6）。特に、懸念的被透視感が強いと、視線が回避されやすくなることが明らかとなった（研究4、研究5）。

　懸念的被透視感の間接的影響については、懸念的被透視感が生じることにより、以下の影響がみられることが明らかとなった。対処反応への影響については、動機的要因と反応の結びつきが強化されることが示された。具体的には、内面を気づかれたくない意識が高いと、懸念的被透視感が生じた際に、話題からの回避が生じやすいと想定される結果が得られた（研究1、研究5）。また、懸念的被透視感が生じた際に、内面を気づかれたくない理由と対応した言語的方略が用いられやすいという結果も得られた（研究5）。さらに、副次的反応への影響については、認知的負荷の影響が増大することが示された。具体的には、認知的負荷がある場合には、懸念的被透視感が生じた際に、焦りを反映すると想定される非言語的反応が抑制されずに表出されやすくなり、また、的確さの低い発言がなされることが明らかとなった（研究4）。

　懸念的被透視感を感じる者の視点からの懸念的被透視感の影響は、Table 10-1に整理される。懸念的被透視感の役割を整理すると、懸念的被透視感は、対処反応を生み出す誘引となる一方で、焦りを反映した副次的反応の表

Table 10-1　懸念的被透視感を感じる者の視点からの懸念的被透視感の影響

	対処反応	副次的反応
直接的影響	状況に応じた振る舞い（研究1） 表情の統制（研究1、研究6） 話題からの回避（研究1、研究6）	焦り喚起（研究4、研究5） →焦りを反映した非言語的反応の誘発（研究4、研究5、研究6）
間接的影響	動機的要因と反応の結びつきの強化 ・内面を気づかれたくない意識 　→話題からの回避（研究1、研究5） ・内面を気づかれたくない理由に対応した言語的方略の使用（研究5）	認知的負荷の影響の増大 ・焦りを反映した非言語的反応の表出の促進（研究4） ・発言内容の的確さの低下（研究4）

出も誘発する役割を果たすと考えられる。さらに、対処反応、副次的反応に対する状況因の影響力を強める役割も果たすと考えられる。

第2項　対人コミュニケーションの視点

　対人コミュニケーションの視点から懸念的被透視感の果たす役割を整理すると、懸念的被透視感は、懸念的被透視感による反応によって不自然な印象や発言内容が疑わしい印象を他者に与えるという、自己成就予言を生起させる形で対人コミュニケーションの進行に影響を与えると考えられる。懸念的被透視感による自己成就予言に至るプロセスは、大別すると二つに分けられる。

　第一のプロセスは、懸念的被透視感による副次的反応が、不自然な印象を他者に与えるというプロセスである。懸念的被透視感が生じた際に、沈黙や視線回避といった、焦りを反映すると想定される非言語的反応を表出すると、落ち着きのない印象を他者に与え、当該状況での他者からの評価が低下することが示された（研究7、研究8、研究9）。また、気づかれたくない事柄を他者に疑われてしまうことも明らかにされた（研究9）。そして、焦りを反映すると想定される非言語的反応の表出は、以下の二つの要因によって促進されることが示された。一つの要因は、認知的負荷である。認知的負荷によって、懸念的被透視感が生じた際に、焦りを反映した非言語的反応が表出されやすくなり、また、的確さの低い発言がなされることで（研究4）、不自然な印象を他者に与える（研究7）というプロセスが想定される。このプロセスは、Figure 10-1に整理される。もう一つの要因は、懸念的被透視感の強まりである。自己の私的側面、公的側面に注意を向ける（研究2）、あるいは相互作用する他者の内面に気づく能力を高く認知する（研究3）と、懸念的被透視感が強まる。そして、視線回避が生じやすくなり（研究4、研究5）、その結果、不自然な印象を他者に与える（研究7、研究8、研究9）というプロセスが想定される。このプロセスは、Figure 10-2に整理される。

　第二のプロセスは、懸念的被透視感による対処反応が、不自然な印象や発言内容が疑わしい印象を他者に与えるという、皮肉な結果を生み出すプロセ

第Ⅲ部　全体的総括

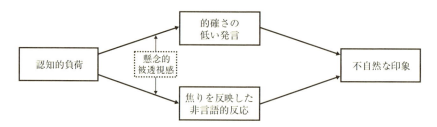

Figure 10−1　懸念的被透視感による自己成就予言の生起プロセス（1）

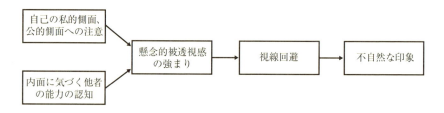

Figure 10−2　懸念的被透視感による自己成就予言の生起プロセス（2）

スである。このプロセスは、以下の二つの要因によって促進されることが示された。一つの要因は、内面を気づかれたくない意識の高さである。内面を気づかれたくない意識が高いと、懸念的被透視感が生じた際に、話題からの回避が生じやすくなり（研究1、研究5）、その結果、話題を避けている印象を他者に与える（研究5）というプロセスが想定される。このプロセスは、Figure 10-3に整理される。もう一つの要因は、内面を気づかれたくない理由である。内面を気づかれたくない理由が自己利益的なときには、懸念的被透視感が生じた際に、冗長な印象を与える言語的方略が用いられやすくなる（研究5）。その結果、発言内容が疑わしい印象を他者に与える（研究5、研究9）。また、発言に付随して、焦りを反映した非言語的反応が多く表出される（研究5）ことで、不自然な印象を他者に与える（研究8）というプロセスが想定される。一方、内面を気づかれたくない理由が他者配慮的なときには、懸念的被透視感が生じた際に、質問に曖昧に応じる言語的方略が用いら

第 10 章　本研究の結論

Figure 10-3　懸念的被透視感による自己成就予言の生起プロセス（3）

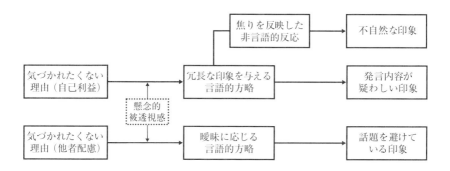

Figure 10-4　懸念的被透視感による自己成就予言の生起プロセス（4）

れやすくなる（研究5）。その結果、発言内容が話題を避けている印象を他者に与える（研究5）というプロセスが想定される。このプロセスは、Figure 10-4 に整理される。

第11章

本研究の貢献と今後の展望

第1節　本研究の貢献

　本節では、実証的検討で得られた知見に基づき、研究知見としての貢献、研究アプローチとしての貢献の観点から、本研究の貢献について整理する。

第1項　研究知見としての貢献

　本研究の研究知見としての貢献として、懸念的被透視感に関する研究の意義（第2章第2節）と対応させると、以下の二点が挙げられる。
　第一に、懸念的被透視感という概念を通して、対人コミュニケーションの理解を深めることができた点が挙げられる。本研究では、懸念的被透視感が生じている時点での対人コミュニケーションを構成する個々のステップに着目し、懸念的被透視感が生じている状況における対人コミュニケーションの特徴を明らかにした。したがって、これまでに検討されてこなかった、気づかれたくない内面についての被知覚の意識が生じている対人コミュニケーションの特徴を示すことができたと考えられる。特に、欺瞞的コミュニケーションに関する研究に示唆を与えることができたと考えられる。懸念的被透視感は、欺瞞的コミュニケーションに失敗した可能性を推測することで生じる感覚と位置づけられる（太幡, 2013）。本研究は、欺瞞的コミュニケーションを行う者が感じやすい主観的感覚の特徴を多面的に理解することに寄与することができたと考えられる。

第二に、懸念的被透視感を感じる者の視点、対人コミュニケーションの視点から、懸念的被透視感の役割を示した点が挙げられる。このことにより、気づかれたくない内面についての被知覚の意識が、意識した本人に与える影響や対人コミュニケーションの進行に果たす役割を明確にすることができたと考えられる。

　上記の二点に加え、推測が本人にとって皮肉な結果を生み出す場合があることや、皮肉な結果を生み出すプロセスを示したことも、本研究の研究知見としての貢献として挙げられる。進化心理学の観点では、相手の心を推測する心の働きは、人間の進化のプロセスの中で獲得されてきたものであり（長谷川・長谷川, 2000; 金沢, 2006）、個体レベルでみると適応的な機能を有すると位置づけられてきた。しかし、本研究によって、懸念的被透視感による反応によって不自然な印象や発言内容が疑わしい印象を他者に与えるという自己成就予言を生起させるように、推測が本人にとって必ずしも望ましい結果をもたらさない場合があることが示された。懸念的被透視感による自己成就予言が生じるプロセスから、推測が本人にとって皮肉な結果を生み出すプロセスとして、推測を行う者の目標に沿った対処反応だけでなく、推測によって副次的反応が生じ、その副次的反応が、他者が抱く印象に影響を及ぼすというプロセスが想定される。このプロセスは、推測の果たす役割を対人コミュニケーションの視点から考える上での視座となると考えられる。

第2項　研究アプローチとしての貢献

　本研究には、以下の二点の研究アプローチとしての貢献もあると考えられる。第一に、本研究の研究アプローチが、対人コミュニケーションに関する研究手法として有効であることを示すことができた点である。本研究では、懸念的被透視感が生じている時点での対人コミュニケーションを構成する個々のステップを検討するアプローチを用いた（第3章第1節）。したがって、特定の心理的現象が生じている状況をミクロレベルに分割し、個々の構成要素を検討するという研究アプローチが、対人コミュニケーションに関する研究において有効であることを示すことができたと考えられる。

第二に、本研究の研究アプローチが、社会的認知に関する研究と対人行動に関する研究を融合させる方法の一つを示すことができた点である。近年、社会心理学において、自己の主観的経験に着目し、われわれが社会をどのように理解し、その理解が行動にどのように影響するかについて検討する重要性が論じられている（Bless & Forgas, 2000; 遠藤, 2007b）。したがって、自己の主観的経験を意味づけるために、自己や他者を理解する認知プロセスと、その認知プロセスが行動に影響するメカニズムを解明することが必要になると考えられる。本研究では、並行プロセスモデル（Patterson, 1996, 2001）、制御理論（Carver, 1979; Carver & Scheier, 1981, 1998）を援用し、懸念的被透視感という、個人内の情報処理プロセスを経て生起した感覚と、その感覚による反応について検討した。したがって、本研究は、個人内の情報処理プロセスという社会的認知に関する研究で扱われてきた事柄と、対人反応という対人行動に関する研究を融合させる試みの一つとして位置づけられる。

第2節　今後の展望

本節では、実証的研究で得られた知見や本研究の貢献を踏まえ、今後の展望について整理する。今後の展望として、懸念的被透視感に関する研究の展開、内面の被知覚の意識に関する研究の展開[1]について論じる。

第1項　懸念的被透視感に関する研究の展開

懸念的被透視感に関する研究の展開として、本研究での未検討点の検討、研究手法の精錬、研究知見の応用、研究テーマの拡張の四点について論じる[2]。

1．本研究での未検討点の検討

懸念的被透視感が生じている状況における対人コミュニケーションに関する本研究の未検討点としては、以下の二点が挙げられる。一点目に、一連の

対人コミュニケーションに着目した検討がなされていない点が挙げられる。一連の対人コミュニケーションに着目すると、以下の二つを検討することができると考えられる。一つは、本研究のそれぞれの検討点について同時に検討することができることである。本研究では、懸念的被透視感が生じている時点での対人コミュニケーションを構成する個々のステップを検討した。しかし、それぞれの検討点は、一連の対人コミュニケーションの中で同時に検討されていない。一連の対人コミュニケーションの観察的検討により、本研究のそれぞれの検討点について同時に検討することができると考えられる。もう一つは、本研究では検討されていない、自己の反応の知覚によって生じる懸念的被透視感や、相互作用する相手自身が懸念的被透視感を感じた者に抱く印象を検討することができることである。懸念的被透視感の喚起操作を用いた実験的研究（研究4、研究5）では、対人コミュニケーションの中で懸念的被透視感が生じた一時点に着目するため、実験参加者と相互作用する相手の発言によって、実験参加者の懸念的被透視感を誘発する方法を用いた。一方、懸念的被透視感が生じる根拠には、自己の反応の知覚もあることが示されている（研究1）。しかし、自己の反応の知覚によって生じる懸念的被透視感については、本研究のアプローチでは検討することが困難である。また、懸念的被透視感の喚起操作を用いた実験的研究（研究4、研究5）では、実験参加者の懸念的被透視感を喚起させたのは実験協力者であったため、懸念的被透視感を感じた者に対して相互作用する相手自身が抱く印象に着目することはできない。以上の議論をまとめると、一連の対人コミュニケーションの観察的検討を行うと、自己の反応の知覚によって生じる懸念的被透視感や、懸念的被透視感を感じた者に対して相互作用する相手自身が抱く印象についても検討することができると考えられる。

　本研究の未検討点として、二点目に、懸念的被透視感が生じる際の情報処理に着目した検討がなされていない点が挙げられる。研究1では、懸念的被透視感が生じる根拠には他者の反応からの推測と自己の反応の知覚があることが示された。また、懸念的被透視感は、期待的被透視感とは生じるメカニズムが異なる可能性が示唆された。しかし、本研究では、懸念的被透視感が生じる際の情報処理は明らかにされていない。表情認知の研究では、人は、

他者の情動メッセージを知覚するために、表情や視線に注意を向けるとされている（吉川・佐藤, 2000）。したがって、気づかれたくない事柄を自己の内にとどめているときには、内面を気づかれているか否かを判断するために、相手の表情や視線に注意を向けやすいことや、相手の表情や視線の些細な変化に敏感になると想定される。このように、懸念的被透視感を生じる際の情報処理に着目すると、懸念的被透視感が生じるプロセスをさらに詳細に理解することに寄与すると考えられる。

2．研究手法の精錬

今後の研究において、一連の対人コミュニケーションの観察的検討を行う上で、懸念的被透視感の捉え方を精錬する必要があると考えられる。懸念的被透視感の喚起操作を用いた実験的研究（研究4、研究5）では、実験終了後に、懸念的被透視感が生じていたか否かの確認や懸念的被透視感の強さを測定していた。しかし、一連の対人コミュニケーションの中で生じた懸念的被透視感を検討するためには、相互作用の中で懸念的被透視感が生じている場面をリアルタイムに報告を求める方法が必要になると考えられる。具体例としては、相互作用の特定の時点で、懸念的被透視感が生じているか否かに回答するように求める方法が考えられる[3]。

3．研究知見の応用

研究知見の応用例として、パフォーマンス不安への対処について論じる。パフォーマンス不安とは、自己の振る舞いに対してネガティブな評価を下されることへの不安であり、スピーチ場面での不安であるスピーチ不安が含まれる（Buss, 1986＝大渕〈監訳〉, 1991）。以下、スピーチ不安を例に、実証的検討で得られた知見の、パフォーマンス不安への対処に関する示唆を説明する。

スピーチ不安傾向の強い者の認知傾向の主な特徴として、以下の二点が挙げられる。第一に、スピーチ不安傾向の強い者は、自己の不安が見透かされている程度を実際に聴衆が推測した程度よりも過大評価する傾向がある点である（Savitsky & Gilovich, 2003）。第二に、スピーチ不安傾向の強い者は、聴衆からのネガティブな評価を受けることを懸念しやすい点である。例えば、

宮前（2000）は、スピーチ不安傾向の強い者がスピーチ中に思考したことを調べた結果、自己の能力へのネガティブな評価を予期した思考をしていた者が多いことを報告している。以上の特徴から、スピーチ不安傾向の強い者がスピーチ中に不安の程度を過大評価する背景として、"不安でいることが聴衆に見抜かれているかもしれない"という、懸念的被透視感が介在していると推察される。そして、不安でいることに懸念的被透視感を感じると、赤面や吃音などの不安を反映した反応を表出し、結果的にスピーチ内容が低く評価されるといった自己成就予言を生じさせる場合があると考えられる。

本研究の知見から、スピーチ不安に対する対処法として、以下の二点が考えられる。第一に、課題遂行の際の認知的負荷を低下させることである。実証的検討の結果から、認知的負荷によって、懸念的被透視感が生じた際に、焦りを反映すると想定される非言語的反応が抑制されずに表出されやすくなることが示された（研究4）。この知見を援用すると、スピーチ不安傾向の強い者の認知的負荷を低減させると、不安でいることに懸念的被透視感が生じた際に、焦りを反映した反応の表出を抑えることができると期待される。具体的な方法としては、一つには、練習により課題遂行に必要な認知的資源を減らすことが考えられる。また、別の方法として、特定の事柄を考えないようにするという思考抑制も認知的負荷になるという知見（Lane & Wegner, 1995）から、不安でいることへの思考抑制を控えることも考えられる。

第二に、懸念的被透視感自体を弱めることである。懸念的被透視感を強く感じることにより、視線を回避するようになり（研究4、研究5）、その結果、落ち着きのない印象を他者に与えることが示されている（研究7、研究8、研究9）。したがって、視線回避を誘発しないように、懸念的被透視感を抑えることも有効であると考えられる。具体的な方法としては、自己への注意が被透視感を強める要因となると想定されることから（研究2）、自己に注意を向け過ぎないことが考えられる。また、自己の内面への知覚に関する聴衆の能力を高く見積もり過ぎないように認知を変えることが考えられる。Savitsky & Gilovich（2003）では、スピーチ不安を抱えている者に"聴衆はあなたが思うほど不安に気づいていない"という情報を与え、スピーチ不安に対する透明性の錯覚が消失したことが報告されている（第1章第3節）。

4．研究テーマの拡張

　研究テーマの拡張の方向性として、懸念的被透視感以外の対人コミュニケーションの中での推測について検討することが挙げられる。対人コミュニケーションでは、相手の意図や知覚に対する推測が重要な役割を果たすと考えられているため (e.g., Humphrey, 1992)、懸念的被透視感以外の自分に対する推測にも関心が向けられやすいと考えられる。例えば、コミュニケーションしている他者が、自分をどのように評価しているか、自分に対してどのような意図を向けているかを推測する場合があるだろう。推測によっては、懸念的被透視感と同様に、推測によって副次的反応が生じ、その副次的反応が、他者が抱く印象に影響を及ぼすといった、本人にとって皮肉な結果を生み出す場合もあると考えられる。このような場合、自らの反応で主観的推測を現実のものとしているため、自己成就予言が生じているといえる。懸念的被透視感以外の対人コミュニケーションの中での推測に焦点を当てると、推測という観点から対人コミュニケーションの理解を深めることができると期待される。

第2項　内面の被知覚の意識に関する研究の展開

　内面の被知覚の意識に関する研究の展開として、懸念的被透視感の上位概念である被透視感と、自我漏洩感、透明性の錯覚との関係を検討するための視点を論じる。

1．被透視感と自我漏洩感

　被透視感と自我漏洩感の関係については、一般的に生じる内面の被知覚の意識が、精神病理反応に変遷するプロセスを明らかにすることが挙げられる。この点を検討すると、両概念で説明される現象の関係や連続性を明らかにできると考えられる。自我漏洩感、被透視感は主観的意識に着目した概念であるため、両概念で扱われる現象には重複する部分があると想定される。両者の相違点（第2章第1節）を踏まえると、日常の相互作用で感じる被透視感を一般的には生じ得ない状況でも生じるようになった感覚が、統合失調

症の症状の一つである自我漏洩感であると推察される。両概念で説明される現象の関係を明確にする方法として、それぞれの感覚が生じる状況を比較することが考えられる。研究1では、懸念的被透視感を感じた事柄、懸念的被透視感を感じる相手、懸念的被透視感を感じた根拠などについて検討されている。研究1と同様の調査を、自我漏洩症状を感じる者を対象に実施し、結果を比較すると、両概念で説明される現象の特徴を対比的に捉えることができると考えられる。

2．被透視感と透明性の錯覚

被透視感と透明性の錯覚の関係については、被透視感が生じることで当該のコミュニケーションの進行に影響し、その結果、透明性の錯覚の程度に影響するプロセスを検討することが挙げられる。この点を検討すると、被透視感による反応が透明性の錯覚の程度を規定する要因となる可能性を検討することができると考えられる。

被透視感が透明性の錯覚の程度に与える影響として、以下の二つの場合が考えられる。一つは、被透視感が透明性の錯覚を低減させる場合である。研究7、研究8、研究9では、懸念的被透視感によって焦りを反映した反応を相手に示すと、相手に不自然な印象を与えるという結果が得られている。この結果は、気づかれたくない事柄を自らの反応によって気づかれてしまうという自己成就予言が生じる可能性を示唆している。実際に自己成就予言が生じる際には、行為者の主観的意識の評定と観察者の評定が同程度になるため、透明性の錯覚は生じていないこととなる。

もう一つは、被透視感が透明性の錯覚を増大させる場合である。Noller (1980) では、結婚適応感の低いカップルは高いカップルに比べ、相互作用において曖昧な表現を多く用いることが報告されている。結婚適応感の低いカップルが曖昧な表現を用いやすい背景には、期待的被透視感が関わる可能性が考えられる。すなわち、相手への意図の伝達の程度に期待的被透視感を感じて曖昧な表現を用いやすいため、伝達意図に透明性の錯覚を生じさせやすいと想定される。その結果、相手に意図が理解されない不満から、結婚適応感が低下すると推察される。

注

1 内面の被知覚の意識に関する概念間の関係を検討するための視点についての議論は、太幡（2010a）において発表されている。

2 ここで挙げた、本研究での未検討点の検討、研究手法の精錬を部分的に踏まえて実施された研究として、太幡（2012）が挙げられる。太幡（2012）の概要は本章の注3を参照してほしい。

3 太幡（2012）は、欺瞞的コミュニケーションでの懸念的被透視感の手がかりとなる情報をリアルタイムに記録するために、2名の実験参加者が、相手に手の内を隠すことで自分に有利になるボードゲーム（以下、ゲーム）を行う状況を設定した検討を行っている。この研究では、"チャオチャオ（Ciao Ciao）"（Drei Magier Spiele製）というゲームを用いた。このゲームでは、サイコロの目を相手に見えないように筒の中で振り、出た目を自己申告して持ちコマを進める。太幡（2012）は、"嘘の目（本当の目）を宣言したことを気づかれているかもしれない"という懸念的被透視感に着目した。そして、互いにゲームを進行させるためにサイコロを振るたびに、懸念的被透視感を感じたか否かと、何を手がかりに懸念的被透視感を感じた（感じなかった）のかを記入するように求めた。その結果、"自分の話し方"、"自分の宣言したサイコロの目"、"状況を踏まえた予測"、"自分の落ち着きのなさ"が、懸念的被透視感の手がかりとなりやすい情報であることが示された。これらの手がかりとなる情報は、欺瞞者の振る舞いに関する一般的信念（The Global Deception Research Team, 2006; Vrij, 2008= 太幡他〈監訳〉, 2016）と類似していた。さらに、相手が友人である場合と初対面である場合で懸念的被透視感の手がかりとなる情報に部分的に違いがみられたことから、相手との親密度が、懸念的被透視感の手がかりとなる情報に影響する可能性があることが示唆された。ただし、太幡（2012）の知見は、ゲームを行う状況での懸念的被透視感に限定される可能性がある点に留意されたい。

引用文献

Albright, L., & Malloy, T. E. (1999). Self-observation of social behavior and meta-perception. *Journal of Personality and Social Psychology*, 77, 726-734.

荒川歩・河野直子（2008）．社会的文脈が好ましい身振り頻度に与える影響　日本心理学会第72回大会発表論文集，127.

荒川歩・鈴木直人（2004）．しぐさと感情の関係の探索的研究　感情心理学研究，10, 56-64.

Bargh, J. A. (1984). Automatic and conscious processing of social information. In R. S. Wyer, Jr. & T. K. Srull (Eds.), *Handbook of social cognition*. Vol.3. Hillsdale, NJ: Erlbaum. pp. 1-43.

Barr, D. J., & Keysar, B. (2005). Mindreading in an exotic case: The normal adult human. In B. F. Malle & S. D. Hodges (Eds.), *Other minds: How humans bridge the divide between self and others*. New York: Guilford Press. pp. 271-283.

Baumeister, R. F., Hutton, D. G., & Tice, D. M. (1989). Cognitive processes during deliberate self-presentation: How self-presenters alter and misinterpret the behavior of their interaction partners. *Journal of Experimental Social Psychology*, 25, 59-78.

Baumeister, R. F., & Leary, M. R. (1995). The need to belong: Desire for interpersonal attachments as a fundamental human motivation. *Psychological Bulletin*, 117, 497-529.

Bless, H., & Forgas, J. P. (Eds.) (2000). *The message within: The role of subjective experience in social cognition and behavior*. Philadelphia, PA: Psychology Press.

Bond, C. F., Jr., & DePaulo, B. M. (2006). Accuracy of deception judgments. *Personality and Social Psychology Review*, 10, 214-234.

Burgoon, J. K., & Hoobler, G. D. (2002). Nonverbal signals. In M. L. Knapp & J. A. Daly (Eds.), *Handbook of interpersonal communication*. 3rd ed. Thousand Oaks, CA: Sage. pp.240-299.

Buss, A. H. (1986). *Social behavior and personality*. Hillsdale, NJ: Erlbaum.［バス A. H. 大渕憲一（監訳）（1991）．対人行動とパーソナリティ　北大路書房］

Carver, C. S. (1979). A cybernetic model of self-attention processes. *Journal of Personality and Social Psychology*, 37, 1251-1281.

Carver, C. S., & Scheier, M. F. (1981). *Attention and self-regulation: A control-theory approach to human behavior.* New York: Springer-Verlag.

Carver, C. S., & Scheier, M. F. (1998). *On the self-regulation of behavior.* Cambridge: Cambridge University Press.

Chaiken, S., & Trope, Y. (Eds.) (1999). *Dual-process theories in social psychology.* New York: Guilford Press.

大坊郁夫・瀧本誓 (1992). 対人コミュニケーションに見られる欺瞞の特徴　実験社会心理学研究, 32, 1-14.

Darley, J. H., & Fazio, R. H. (1980). Expectation confirmation processes arising in the social interaction sequence. *American Psychologist*, 35, 867-881.

Davis, M. H. (1983). Measuring individual differences in empathy: Evidence for a multidimensional approach. *Journal of Personality and Social Psychology*, 44, 113-126.

DePaulo, B. M., Lindsey, J. J., Malone, B. E., Muhlenbruck, L., Charlton, K., & Cooper, H. (2003). Cues to deception. *Psychological Bulletin*, 129, 74-118.

Downey, G., & Feldman, S. (1996). Implications of rejection sensitivity for intimate relationships. *Journal of Personality and Social Psychology*, 70, 1327-1343.

Duval, S., & Wicklund, R. A. (1973). Effects of objective self-awareness on attribution of causality. *Journal of Experimental Social Psychology*, 9, 17-31.

Ekman, P. (1985). *Telling lies: Clues to deceit in the marketplace, politics and marriage.* New York: W. W. Norton. ［エクマン P. 工藤力（訳編）(1992). 暴かれる嘘——虚偽を見破る対人学——　誠信書房］

遠藤利彦 (1997). 乳幼児期における自己と他者，そして心——関係性，自他の理解，および心の理論の関連性を探る——　心理学評論, 40, 57-77.

遠藤由美 (2007a). 自己紹介場面での緊張と透明性の錯覚　実験社会心理学研究, 46, 53-62.

遠藤由美 (2007b). 主観性の社会心理学——内なる経験の積極的機能——　実験社会心理学研究, 46, 37-39.

Feldman, R. S., Forrest, J. A., & Happ, B. R. (2002). Self-presentation and verbal deception: Do self-presenters lie more? *Basic and Applied Social Psychology*, 24, 163-170.

Fenigstein, A. (1984). Self-consciousness and the overperception of self as a target. *Journal of Personality and Social Psychology*, 47, 860-870.

Fenigstein, A., Scheier, M. F., & Buss, A. H. (1975). Public and private self-consciousness: Assessment and theory. *Journal of Consulting and Clinical Psychology*, 43, 522-527.

藤縄昭 (1972). 自我漏洩症候群について 土居健郎 (編) 分裂病の精神病理1 東京大学出版会, pp. 33-50.

深田博己 (1998). インターパーソナル・コミュニケーション──対人コミュニケーションの心理学── 北大路書房.

Garcia, S. M. (2002). Power and the illusion of transparency in negotiations. *Journal of Business and Psychology*, 17, 133-144.

Gilbert, D. T., Pelham, B. W., & Krull, D. S. (1988). On cognitive busyness: When person perceivers meet persons perceived. *Journal of Personality and Social Psychology*, 54, 733-740.

Gilovich, T., Medvec, V. H., & Savitsky, K. (2000). The spotlight effect in social judgment: An egocentric bias in estimates of the salience of one's own actions and appearance. *Journal of Personality and Social Psychology*, 78, 211-222.

Gilovich, T., Savitsky, K., & Medvec, V. H. (1998). The illusion of transparency: Biased assessments of others' ability to read one's emotional states. *Journal of Personality and Social Psychology*, 75, 332-346.

Godfrey, D. K., Jones, E. E., & Lord, C. (1986). Self-promotion is not ingratiating. *Journal of Personality and Social Psychology*, 50, 106-115.

Gosling, S. D., John, O. P., Craik, K. H., & Robins, R. W. (1998). Do people know how they behave? Self-reported act frequencies compared with on-line codings by observers. *Journal of Personality and Social Psychology*, 74, 1337-1349.

Grice, H. P. (1975). Logic and conversation. In P. Cole & J. L. Morgan (Eds.), Syntax and semantics. Vol. 3. *Speech acts*. New York: Academic Press. pp. 41-58.

Griffin, D. W., & Ross, L. (1991). Subjective construal, social influence, and human misunderstanding. In M. P. Zanna (Ed.), *Advances in Experimental Social Psychology*. Vol. 24. New York: Academic Press. pp. 319-359.

萩生田見代・濱田秀伯 (1991). 自我漏洩症状の症状変遷について 精神医学, 33, 283-289.

Hall, J. A., Murphy, N. A., & Schmid Mast, M. (2007). Nonverbal self-accuracy in interpersonal interaction. *Personality and Social Psychology Bulletin*, 33, 1675-1685.

長谷川寿一・長谷川眞理子 (2000). 進化と人間行動 東京大学出版会.

Hemsley, G. D., & Doob, A. N. (1978). The effect of looking behavior on perceptions of a communicator's credibility. *Journal of Applied Social Psychology*, 8, 136-144.

廣岡秀一・横矢規 (2003). 対人コミュニケーションにおける予言の自己実現──自ら

の微笑が相手に対する好意に及ぼす効果―― 三重大学教育学部研究紀要, 54, 131-144.

Holder, M. D., & Hawkins, C. (2007). The illusion of transparency: Assessment of sex differences in showing and hiding disgust. *Basic and Applied Social Psychology*, 29, 235-243.

Humphrey, N. (1992). *A history of the mind*. New York: Simon & Schuster.

Ikegami, T. (1989). The organizing process of information and the role of affect in person memory. *Japanese Psychological Research*, 31, 69-79.

Jones, E. E. (1986). Interpreting interpersonal behavior: The effects of expectancies. *Science*, 234, 41-46.

Jones, E. E., & Pittman, T. S. (1982). Toward a general theory of strategic self-presentation. In J. Suls (Ed.), *Psychological perspectives on the self*. Vol.1. Hillsdale, NJ: Erlbaum. pp. 231-262.

Jones, R. A. (1977). *Self-fulfilling prophecies: Social, psychological, and physiological effects of expectancies*. Hillsdale, NJ: Erlbaum.

鎌田晶子（2007）．透明性の錯覚――日本人における錯覚の生起と係留の効果―― 実験社会心理学研究, 46, 78-89.

金沢創（2006）．妄想力――ヒトの心とサルの心はどう違うのか―― 光文社.

Kelley, H. H. (1950). The warm-cold variable in first impressions of persons. *Journal of Personality*, 18, 431-439.

Kelley, H. H. (1992). Common-sense psychology and scientific psychology. *Annual Review of Psychology*, 43, 1-23.

Kelly, A. E., Klusas, J. A., von Weiss, R. T., & Kenny, C. (2001). What is it about revealing secrets that is beneficial? *Personality and Social Psychology Bulletin*, 27, 651-665.

Kenny, D. A., & DePaulo, B. M. (1993). Do people know how others view them?: An empirical and theoretical account. *Psychological Bulletin*, 114, 145-161.

Keysar, B., & Henly, A. S. (2002). Speakers' overestimation of their effectiveness. *Psychological Science*, 13, 207-212.

Keysar, B., Lin, S., & Barr, D. J. (2003). Limits on theory of mind use in adults. *Cognition*, 89, 25-41.

子安増生・木下孝司（1997）．〈心の理論〉研究の展望 心理学研究, 68, 51-67.

Kraut, R. E. (1978). Verbal and nonverbal cues in the perception of lying. *Journal of Personality and Social Psychology*, 36, 380-391.

Kruger, J., Epley, N., Parker, J., & Ng, Z. W. (2005). Egocentrism over e-mail: Can we communicate as well as we think? *Journal of Personality and Social Psychology*, 89,

925-936.

工藤恵理子（2007）．親密な関係におけるメタ認知バイアス——友人間の透明性の錯覚における社会的規範仮説の検討——　実験社会心理学研究，46, 63-77.

Lane, J. D., & Wegner, D. M. (1995). The cognitive consequences of secrecy. *Journal of Personality and Social Psychology*, 69, 237-253.

Leary, M. R., Tambor, E. S., Terdal, S. K., & Downs, D. L. (1995). Self-esteem as an interpersonal monitor: The sociometer hypothesis. *Journal of Personality and Social Psychology*, 68, 518-530.

Mead, G. H. (1934). *Mind, self and society.* Chicago: University of Chicago Press.

Merton, R. K. (1948). The self-fulfilling prophecy. *Antioch Review*, 8, 193-210.

Merton, R. K. (1957). *Social theory and social structure.* Revised and enlarged ed. New York: Free Press.［マートン R. K.　森東吾・森好夫・金沢実・中島竜太郎（訳）（1961）．社会理論と社会構造　みすず書房］

Mitmodedet (2002). Living with a schizoid personality. *The Israel Journal of Psychiatry and Related Sciences*, 39, 189-191.

宮前義和（2000）．スピーチ不安傾向の高い者の特徴——スピーチ不安傾向尺度を作成して——　香川大学教育実践総合研究，1, 165-179.

Mulac, A., & Sherman, R. (1974). Behavioral assessment of speech anxiety. *The Quarterly Journal of Speech*, 60, 134-143.

中村陽吉（2000）．対面場面における心理的個人差——測定の対象についての分類を中心にして——　ブレーン出版．

Nickerson, R. S. (1999). How we know –and sometimes misjudge– what others know: Imputing one's own knowledge to others. *Psychological Bulletin*, 125, 737-759.

Noller, P. (1980). Misunderstanding in marital communication: A study of couple's nonverbal communication. *Journal of Personality and Social Psychology*, 39, 1135-1148.

Norton, R., Feldman, C., & Tafoya, D. (1974). Risk parameters across types of secrets. *Journal of Counseling Psychology*, 21, 450-454.

Olson, J., M., Hafer, C. L., & Taylor, L. (2001). I'm mad as hell, and I'm not going to take it anymore: Reports of negative emotions as a self-presentation tactic. *Journal of Applied Social Psychology*, 31, 981-999.

Patterson, M. L. (1996). Social behavior and social cognition: A parallel process approach. In J. L. Nye & A. M. Brower (Eds.), *What's social about social cognition?* Thousand Oaks, CA: Sage Publications. pp. 87-105.

Patterson, M. L. (2001). Toward a comprehensive model of non-verbal communication. In W. P. Robinson & H. Giles (Eds.), *The new handbook of language and social psychology*. Chichester, UK: John Wiley & Sons. pp. 159-176.

Pelletier, L. G., & Vallerand, R. J. (1996). Supervisors' beliefs and subordinates' intrinsic motivation: A behavioral confirmation analysis. *Journal of Personality and Social Psychology*, 71, 331-340.

Pontari, B. A., & Schlenker, B. R. (2000). The influence of cognitive load on self-presentation: Can cognitive busyness help as well as harm social performance? *Journal of Personality and Social Psychology*, 78, 1092-1108.

Premack, D., & Woodruff, G. (1978). Does the chimpanzee have a theory of mind? *The Behavioral and Brain Sciences*, 1, 515-526.

Reinhard, M. –A., & Sporer, S. L. (2008). Verbal and nonverbal behaviour as a basis for credibility attribution: The impact of task involvement and cognitive capacity. *Journal of Experimental Social Psychology*, 44, 477-488.

Richmond, V. P., & McCroskey, J. C. (2004). *Nonverbal behavior in interpersonal relations 5th edition*. Allyn Bacon. ［リッチモンド V. P., マクロスキー J. C. 山下耕二（編訳）（2006). 非言語行動の心理学――対人関係とコミュニケーション理解のために―― 北大路書房］

Rosenthal, R., & DePaulo, B. M. (1979). Sex differences in eavesdropping on nonverbal cues. *Journal of Personality and Social Psychology*, 37, 273-285.

坂本真士（1997). 自己注目と抑うつの社会心理学 東京大学出版会.

桜井茂男（1988). 大学生における共感と援助行動の関係 奈良教育大学紀要, 37, 149-154.

佐々木淳（2011). 大学生における自我漏洩感の心理学的研究――認知行動療法の観点から―― 風間書房.

佐々木淳・丹野義彦（2003). 自我漏洩感を体験する状況の構造 性格心理学研究, 11, 99-109.

Savitsky, K., & Gilovich, T. (2003). The illusion of transparency and the alleviation of speech anxiety. *Journal of Experimental Social Psychology*, 39, 618-625.

Scheier, M. F., Fenigstein, A., & Buss, A. H. (1974). Self-awareness and physical aggression. *Journal of Experimental Social Psychology*, 10, 264-273.

Schlenker, B. R., & Wowra, S. A. (2003). Carryover effects of feeling socially transparent or impenetrable on strategic self-presentation. *Journal of Personality and Social Psychology*, 85, 871-880.

嶋田洋徳・佐藤健二（1999). 自己開示尺度の作成とその健康心理学的意義 新潟大学人文科学研究, 101, 17-33.

Snyder, M., & Stukas, A. A. (1999). Interpersonal processes: The interplay of cognitive, motivational, and behavioral activities in social interaction. *Annual*

Review of Psychology, 50, 273-303.

Sporer, S. L., & Schwandt, B. (2006). Paraverbal indicators of deception: A meta-analytic synthesis. *Applied Cognitive Psychology*, 20, 421-446.

Sporer, S. L., & Schwandt, B. (2007). Moderators of nonverbal indicators of deception: A meta-analytic synthesis. *Psychology, Public Policy, and Law*, 13, 1-34.

Stiff, J. B., & Miller, G. R. (1986). "Come to think of it…" Interrogative probes, deceptive communication, and deception detection. *Human Communication Research*, 12, 339-357.

太幡直也（2005）．自己呈示の意図的統制による認知的負荷の検討　日本心理学会第69回大会発表論文集，131．

太幡直也（2006）．被透視感の強さを規定する要因――自己への注意と他者の視点取得についての検討――　社会心理学研究，22, 19-32．

Tabata, N. (2007). Some factors in perceived unwanted transparency. *Psychological Reports*, 100, 803-809.

太幡直也（2008）．認知的負荷が懸念的被透視感によって生起する反応に与える影響　心理学研究，79, 333-341．

太幡直也（2009）．気づかれたくない理由が懸念的被透視感を感じた際の言語的方略に与える影響　心理学研究，80, 199-206．

Tabata, N. (2010). Cues for inferring secrets held by others during social interactions. *Psychological Reports*, 106, 170-174.

太幡直也（2010a）．内面の被知覚の意識に関する研究の展望――概念の整理を中心に――　パーソナリティ研究，18, 210-219．

太幡直也（2010b）．懸念的被透視感の喚起直後に生起する非言語的反応　東洋大学社会学部紀要，47(1), 15-22．

太幡直也（2011）．懸念的被透視感によって生起する反応の印象　心理学研究，81, 625-630．

太幡直也（2012）．懸念的被透視感が生じる際に手がかりとなる情報の特徴――ボードゲームを用いた検討　社会言語科学，15(1), 4-16．

太幡直也（2013）．嘘を見破られる　村井潤一郎（編）　嘘の心理学　ナカニシヤ出版，pp.57-68．

太幡直也（2015）．懸念的被透視感によって生起する反応に対する自己認識　総合政策研究（愛知学院大学総合政策学会紀要），18(1), 1-8．

太幡直也・押見輝男（2004）．行動の解釈が被透視感を感じる側面に与える影響――シャイネスとの関連――　対人社会心理学研究，4, 141-146．

太幡直也・吉田富二雄（2008）．懸念的被透視感が生じる状況の特徴　筑波大学心理学研究，36, 11-17．

Tafarodi, R., Tam, J., & Milne, A. B. (2001). Selective memory and the persistence of paradoxical self-esteem. *Personality and Social Psychology Bulletin*, 27, 1179-1189.

武田美亜（2006）．相手との関係が2種類の透明性の錯覚に及ぼす効果――内的経験を隠す場面を用いた検討――　東京都立大学心理学研究，16, 11-19.

竹内郁郎（1973）．社会的コミュニケーションの構造　内川芳美・岡部慶三・竹内郁郎・辻村明（編）　基礎理論（講座現代の社会とコミュニケーション1）　東京大学出版会，pp.105-138.

丹野義彦・坂本真士（2001）．自分のこころからよむ臨床心理学入門　東京大学出版会．

Taylor, S. E., & Brown, J. D. (1988). Illusion and well-being: A social psychological perspective on mental health. *Psychological Bulletin*, 103, 193-210.

The Global Deception Research Team. (2006). A world of lies. *Journal of Cross-Cultural Psychology*, 37, 60-74.

Tice, D. M., Butler, J. L., Muraven, M. B., & Stillwell, A. M. (1995). When modesty prevails: Differential favorability of self-presentation to friends and strangers. *Journal of Personality and Social Psychology*, 69, 1120-1138.

Tversky, A., & Kahneman, D. (1973). Availability: A heuristic for judging frequency and probability. *Cognitive Psychology*, 5, 207-232.

Van Boven, L., Gilovich, T., & Medvec, H. (2003). The illusion of transparency in negotiations. *Negotiation Journal*, 19, 117-131.

Vorauer, J. D. (2001). The other side of the story: Transparency estimation in social interaction. In G. B. Moskowitz (Ed.), *Cognitive Social Psychology: The Princeton symposium on the legacy and future of social cognition*. Mahwah, NJ: Erlbaum. pp.261-276.

Vorauer, J. D., & Cameron, J. J. (2002). So close, and yet so far: Does collectivism foster transparency overestimation? *Journal of Personality and Social Psychology*, 83, 1344-1352.

Vorauer, J. D., & Claude, S. D. (1998). Perceived versus actual transparency of goals in negotiation. *Personality and Social Psychology Bulletin*, 24, 371-385.

Vorauer, J. D., & Ross, M. (1999). Self-awareness and feeling transparent: Failing to suppress one's self. *Journal of Experimental Social Psychology*, 35, 415-440.

Vrij, A. (2008). *Detecting lies and deceit.* 2nd ed. Chichester, UK: John Wiley & Sons. ［ヴレイA. 太幡直也・佐藤拓・菊地史倫（監訳）（2016）．嘘と欺瞞の心理学――対人関係から犯罪捜査まで　虚偽検出に関する真実――　福村出版］

和田実（1993）．欺瞞者との関係が欺瞞と関連する行動についての信念に及ぼす影響　東京学芸大学紀要第1部門，44, 239-245.

引用文献

吉田寿夫（1995）．学校教育に関する社会心理学的研究の動向──研究法についての提言を中心にして── 教育心理学年報, 34, 74-84.

吉川左紀子・佐藤弥（2000）．社会的メッセージ検出機構としての顔知覚──表情と視線方向による促進── 心理学評論, 43, 259-272.

Zuckerman, M., DePaulo, B. M., & Rosenthal, R. (1981). Verbal and nonverbal communication of deception. In L. Berkowitz (Ed.), *Advances in Experimental Social Psychology*. Vol. 14. New York: Academic Press. pp. 1-59.

あとがき

　本書は、2008年3月に筑波大学大学院人間総合科学研究科に提出した博士論文をもとに作成したものです。博士論文をまとめるにあたりまして、非常にたくさんの方々にお世話になりました。

　指導教員の吉田富二雄先生には、博士論文の執筆に関しまして、懇切丁寧なご指導いただきました。途中からご指導を受けることになった私を温かく受け入れてくださったことは、非常に心に残っております。一連の研究成果をまとめることができたのも、吉田先生のご指導の賜物です。心から感謝いたします。

　故山本眞理子先生には、研究の立案や実施に関しまして、懇切丁寧なご指導いただきました。私が関心を抱いた現象に"懸念的被透視感"という名前を授け、一連の研究の方向づけをしてくださいました。山本先生にご指導いただいた研究成果をまとめることができ、少しは恩返しできたのではないかと感じております。感謝は言葉では言い尽くせません。

　その他にも、多くの方々のご指導、ご鞭撻により、研究成果をまとめることができました。副指導教員の松井豊先生には、博士論文の審査だけでなく、発表会や授業などでたくさんの貴重なご助言をいただきました。加藤克紀先生、綾部早穂先生には、博士論文の審査の労をとっていただきました。押見輝男先生、村田光二先生、堀洋道先生、宮本聡介先生、原奈津子先生、湯川進太郎先生には、学会や研究会などで貴重なご意見やお心遣いをいただきました。筑波大学社会心理学研究室の先輩、後輩の方々にも、たくさんのアドバイスをいただきました。この場を借りて、皆様に感謝申し上げます。

　実験や調査の実施にあたっても、多くの方々のご協力を賜りました。特に、宮﨑貴子さん、尾﨑有希さん、三浦絵美さん、平田麻記さん、梅内裕江さん、松井淳一さん、山本樹里さん、山本真裕さんには、実験協力者として

あとがき

お手伝いしていただきました。また、大塚小百合さん、新里泰士さん、根子千朱希さん、日比野篤さんには、調査実施のお手伝いしていただきました。さらに、多くの先生方に、実験参加者の募集や調査実施のために貴重な時間を割いていただきました。皆様、本当にありがとうございました。

　そして、本書の刊行にあたって、福村出版の宮下基幸氏、小山光氏に多大なご尽力いただきました。この場を借りて、謝意を表します。

　最後に、私を健やかに育ててくれた両親、日々の生活に潤いを与えてくれる最愛の妻に感謝したいと思います。いつも応援してくれてありがとう。

2017年1月

太幡　直也

著者略歴

太幡 直也（たばた・なおや）

1978 年　埼玉県生まれ
2001 年　一橋大学社会学部卒業
2007 年　日本学術振興会特別研究員（筑波大学：〜 2009 年）
2008 年　筑波大学大学院人間総合科学研究科心理学専攻一貫制博士
　　　　　課程修了、博士（心理学）
2009 年　東洋大学社会学部助教（〜 2010 年）
2010 年　常磐大学人間科学部助教（〜 2015 年）
2015 年　愛知学院大学総合政策学部准教授（現在に至る）

主な著書：
『嘘の心理学』（共著、2013 年、ナカニシヤ出版）
『エッセンシャルズ 心理学――心理学的素養の学び――』（共著、
　2015 年、福村出版）
『嘘と欺瞞の心理学――対人関係から犯罪捜査まで　虚偽検出に関す
　る真実――』（共監訳、2016 年、福村出版）

懸念的被透視感が生じている状況における
対人コミュニケーションの心理学的研究

2017 年 2 月 28 日　初版第 1 刷発行

著　者　　太　幡　直　也
発行者　　石　井　昭　男
発行所　　福村出版株式会社
　　　　〒113-0034　東京都文京区湯島 2-14-11
　　　　　　　　電　話　03(5812)9702
　　　　　　　　ＦＡＸ　03(5812)9705
　　　　　　　　http://www.fukumura.co.jp
印　刷　　株式会社文化カラー印刷
製　本　　本間製本株式会社

© Naoya Tabata 2017
Printed in Japan
ISBN978-4-571-25048-4 C3011
落丁・乱丁本はお取替えいたします
定価はカバーに表示してあります

福村出版◆好評図書

A. ヴレイ 著／太幡直也・佐藤 拓・菊地史倫 監訳
嘘と欺瞞の心理学
●対人関係から犯罪捜査まで 虚偽検出に関する真実
◎9,000円　ISBN978-4-571-25046-0　C3011

心理学の知見に基づく嘘や欺瞞のメカニズムと，主に犯罪捜査で使われる様々な虚偽検出ツールを詳しく紹介。

山岡重行 著
腐女子の心理学
●彼女たちはなぜBL（男性同性愛）を好むのか？
◎3,500円　ISBN978-4-571-25045-3　C3011

「腐女子」とは何者なのか？ 大学生1万人以上の統計調査をもとに，その客観的な姿と心理を分析する。

髙坂康雅 著
恋愛心理学特論
●恋愛する青年／しない青年の読み解き方
◎2,300円　ISBN978-4-571-25047-7　C3011

恋愛研究の活性化を目指し，「恋人が欲しくない青年」など最新のトピックを青年心理学の立場から解明する。

宇都宮 博・神谷哲司 編著
夫と妻の生涯発達心理学
●関係性の危機と成熟
◎5,000円　ISBN978-4-571-23055-4　C3011

夫婦の生涯に起こる様々なライフイベントについて心理学の見地から考察し，各分野の関連研究を紹介する。

橋本公雄・斉藤篤司 著
運動継続の心理学
●快適自己ペースとポジティブ感情
◎2,300円　ISBN978-4-571-25044-6　C3011

運動者が獲得した「快適自己ペース」と「ポジティブ感情」の増加が，運動の継続に役立つことを検証する。

藤森立男・矢守克也 編著
復興と支援の災害心理学
●大震災から「なに」を学ぶか
◎2,400円　ISBN978-4-571-25041-5　C3011

過去に起きた数々の大震災から，心の復興・コミュニティの復興・社会と文化の復興と支援の可能性を学ぶ。

二宮克美・山本ちか・太幡直也・松岡弥玲・菅さやか 著
エッセンシャルズ 心理学
●心理学的素養の学び
◎2,600円　ISBN978-4-571-20083-0　C3011

豊富な図表，明解な解説，章末コラムで楽しく読んで心理学の基礎を身につけられる初学者向けテキスト（二色刷）。

◎価格は本体価格です。